A ARTE DE GERIR PESSOAS
gerir-se bem para gerir bem os outros

JOSÉ CARLOS PEREIRA

A ARTE DE GERIR PESSOAS

gerir-se bem para gerir bem os outros

EDITORA
**IDEIAS&
LETRAS**

Direção Editorial:
Marcelo Magalhães

Conselho Editorial:
Fábio E. R. Silva
José Uilson Inácio Soares Júnior
Márcio Fabri dos Anjos
Mauro Vilela

Preparação e Revisão:
Pedro Paulo Rolim Assunção
Thalita de Paula

Diagramação:
Tatiana Alleoni Crivellari

Capa:
Vinício Frezza - Informart

Todos os direitos em língua portuguesa, para o Brasil, reservados à Editora Ideias & Letras, 2019.

1ª impressão

EDITORA
IDEIAS & LETRAS

Rua Barão de Itapetininga, 274
República - São Paulo/SP
Cep: 01042-000 – (11) 3862-4831
Televendas: 0800 777 6004
vendas@ideiaseletras.com.br
www.ideiaseletras.com.br

Dados Internacionais de Catalogação na Publicação (CIP)
de acordo com ISBD

A arte de gerir pessoas: gerir-se bem para gerir bem os outros/ José Carlos Pereira
São Paulo: Ideias & Letras, 2019.
184 p.; 14cm x 21cm.
Inclui bibliografia.
ISBN 978-85-5580-061-0

1. Autoajuda. 2. Gestão de Pessoas. I. Título.

2019-1176
CDU 158.1
CDU 159.947

Elaborado por Odilio Hilario Moreira Junior - CRB-8/9949

Índices para catálogo sistemático:
1. Autoajuda 158.1
2. Autoajuda 159.947

SUMÁRIO

INTRODUÇÃO - 7

1. Aprenda a se autogerir para gerir bem os outros: princípios básicos - 15

2. Os "três filtros" da filosofia tolteca aplicados à gestão pessoal - 91

3. O Papa Francisco e as "quinze doenças" a tratar na gestão de pessoas - 99

4. As sete lições do bambu: a sabedoria da natureza aplicada à gestão de pessoas - 135

5. Abraham Maslow e a hierarquia de necessidades na gestão de pessoas - 147

6. Estratégias de Napoleon Hill para o êxito na gestão de pessoas - 161

7. Considerações finais: dez procedimentos essenciais na liderança de pessoas e dicas para uma boa reunião - 173

BIBLIOGRAFIA - 183

INTRODUÇÃO

A gestão de pessoas é a primeira categoria de gestão. Dela se desdobram todas as demais, seja a gestão de negócios, de finanças, de patrimônio ou de qualquer outro gênero. Essas categorias dependem da primeira, pois elas têm as pessoas como finalidade ou, por trás de todas elas, direta ou indiretamente, estão as pessoas. Porém, poucos enxergam que gerir os outros supõe antes a autogestão, isto é, a gestão da própria vida. Como poderemos gerir bem os outros se não conseguimos organizar bem nossa própria vida? Esse é o questionamento básico para quem atua ou pretende atuar na gestão de pessoas. Por exemplo, dificilmente alguém vai gerir bem finanças ou patrimônios se esse alguém não estiver bem consigo mesmo. O mesmo questionamento é aplicado à gestão empresarial. Um bom gestor de empresa precisa ser, necessariamente, um bom gestor de pessoas e um bom gestor da sua própria vida.

Essa recomendação, no entanto, vale para qualquer um porque todos precisam gerir bem a própria vida, mesmo que não tenham muita coisa para gerir fora de si. Por dentro, todos nós temos muita coisa a ser organizada, como por exemplo: nossa mente, que tudo comanda; nossa saúde, porque sem ela não se faz muita coisa; nossa espiritualidade, porque ela é determinante no nosso equilíbrio; nosso sistema emocional, cuja desarmonia transforma qualquer relação pessoal em drama; nossa autoestima, porque sem ela perdemos as esperanças e perspectivas de vida; nossa dimensão psicológica, tão importante para nosso relacionamento social, entre outras coisas. Há, portanto, um emaranhado de situações dentro de nós que precisam de um bom encaminhamento para que possamos fazer o mesmo com as coisas que estão fora. No entanto, essa gestão interna depende quase que exclusivamente de nós mesmos. Sem uma iniciativa pessoal deixaremos a desejar, mesmo que existam diversos profissionais dispostos a nos ajudar.

Nenhum gestor de empresas será um bom profissional se antes não souber comandar a própria vida. Os problemas que terá que resolver na empresa dependerão de sua capacitação técnica, mas também do seu equilíbrio emocional, da sua realização pessoal, das suas expectativas e esperanças, da sua força de vontade, do seu ânimo, entre outros elementos subjetivos que refletem direta e indiretamente na sua prática externa. Quem não aprende a gerir pessoas não aprenderá a gerir negócios.

Por essa razão, este livro pretende ser um guia para orientar os leitores na gestão de suas vidas e daqueles que estiverem sob sua responsabilidade na empresa, na família, na igreja, na escola ou em qualquer outra instituição que dependa de pessoas para o seu bom funcionamento. Siga esses passos e orientações e você será um excelente gestor de pessoas.

Assim, este livro foi preparado para pessoas físicas e jurídicas, pessoas que têm empreendimentos, sejam eles pessoais ou profissionais. O livro começa com a proposta de um olhar para si e depois de um olhar aos outros. Esses olhares podem e devem ser simultâneos, mas aqui eles foram separados com o objetivo didático de enfatizar a importância do cuidado pessoal, o qual muitas vezes é deixado de lado nesse processo. No primeiro capítulo, que toma boa parte do livro, são apontados os principais procedimentos de autogestão. É quase uma receita, não fossem as particularidades de cada pessoa e cada situação, mas de um modo geral costumam não falhar e, se aplicados, dão certo para a maioria das pessoas, ou seja, eles não têm contraindicação.

O primeiro procedimento indicado é o registro dos objetivos. Quando registramos nossos propósitos, seja na memória, em um bloco de anotações ou de outra forma, estamos dizendo para nosso cérebro que temos uma meta a ser atingida, algo a ser alcançado, ou seja, estamos indicando um rumo a seguir e isso dá sentido para a vida e para as ações, e naturalmente seguimos nesta direção. Assim, vemos que um pequeno gesto pode significar uma grande mudança de vida, pois o simples fato de registrar os objetivos pode ser o primeiro passo para uma vida promissora no âmbito pessoal, profissional ou em ambos, o que é o ideal, pois de nada adianta sermos profissionalmente realizados se pessoalmente formos frustrados.

E por falar em pessoas frustradas, frustração é o segundo tema tratado no primeiro capítulo. Ela ocorre quando depositamos nossa esperança e confiança em alguém e essa pessoa nos trai; quando idealizamos alguma pessoa ou situação e estas não correspondem àquilo que idealizamos; ou mesmo quando temos metas a serem atingidas e elas não são alcançadas no tempo que calculamos. Essas são algumas situações que podem gerar frustrações. Existem muitas outras, e ninguém está livre de ter frustrações na vida. A diferença, porém, está em *como se lida com elas*. Saber gerir as frustrações é um procedimento de suma importância em qualquer empreendimento, seja ele pessoal ou profissional. E então, como você lida com as suas frustrações? Deixa sua vida estagnada por causa delas ou dá a volta por cima? Veja as indicações aqui colocadas, aprenda a aplicá-las, e você evoluirá pessoal e profissionalmente.

Outro tema relevante tratado no primeiro capítulo é a meditação. Pode até parecer estranho falar em meditação na área corporativa, mas os grandes empreendedores já descobriram o seu valor. É comprovado que pessoas que praticam a meditação são mais equilibradas. Meditação não é apenas um comportamento religioso, embora este a favoreça muito; portanto, mesmo que você não tenha ou não pratique nenhuma religião, conheça a prática da meditação e veja como ela colabora com o equilíbrio da vida pessoal e profissional.

Outro fator relevante na gestão de pessoas é a troca de conhecimento. Por essa razão, nesse mesmo capítulo dedico um tópico à importância de socializar conhecimento na gestão de pessoas. Conhecimento partilhado é conhecimento multiplicado, portanto, não tenha medo de ensinar o que você sabe e de aprender com os que conhecem o que você ainda não aprendeu. Essa troca enriquece quem dá e quem recebe, tanto do ponto de vista pessoal quanto empresarial.

Ao tratar da autogestão, não me esqueci de um fator relevante, preterido na maioria dos livros e manuais de gestão de pessoas, mas que fiz questão de indicar aqui por ser de fundamental importância: os exercícios físicos. Talvez você esteja se perguntando: "Mas qual a relação entre exercício físico e gestão de pessoas?". Os detalhes estão esmiuçados em uma parte do primeiro capítulo, mas, desde já, trato de esclarecer. O corpo precisa ser gerido, e uma das melhores formas de gerir, administrar ou cuidar do corpo e seus organismos é através de atividades físicas. *Mens sana in corpore sano*, diz uma expressão em latim que em tradução livre significa "uma mente sã em um corpo são", ou seja, a saúde do corpo e da mente se influenciam mutuamente. São, portanto, as atividades físicas que colocam o corpo em movimento, e a movimentação do corpo contribui para a saúde de ambos, corpo e mente. Se algo feito para estar em movimento permanece parado, ele atrofia, enferruja e apodrece. Até um capital financeiro que não é movimentado se desvaloriza. Um gestor de finanças sabe muito bem da importância da movimentação financeira, e um gestor de pessoas deveria saber do valor do exercício físico para a saúde. Por isso, dedico uma parte à importância da atividade física na autogestão e na gestão de pessoas.

Outro dado trabalhado, ainda nessa parte inicial, é a perseverança. Essa é uma espécie de palavra mágica. Sem perseverança nada se conquista e pouco se obtém. Assim, refletir sobre a perseverança nos empreendimentos é parte importante dos estudos sobre gestão. Dou destaque também a três outros pontos: boa alimentação, visualização de metas e alguns princípios básicos de autogestão. A ordem das colocações não influencia nos seus resultados. O importante é que o gestor de pessoas saiba que uma boa alimentação traz saúde e que uma pessoa saudável desempenha melhor suas funções. O outro ponto é a visualização de metas. Não basta ter metas ou objetivos registrados, como vimos antes, mas é preciso visualizá-los. Essa visualização é um exercício, e é disso que irá tratar o penúltimo tópico desse capítulo. E, para finalizar a primeira parte, há o apontamento dos princípios mais importantes de autogestão, com um apelo ao seu aprimoramento.

No segundo capítulo estabeleço uma reflexão sobre os "três filtros da filosofia Tolteca" e busco aplicá-los à gestão. Esses "três filtros" são: verdade, bondade e utilidade. Eles servem para quase tudo na vida, mas, sobretudo, para a relação social e para a gestão de pessoas. Quem administra pessoas precisa conhecer e aplicar esses "três filtros" nos seus relacionamentos. Com eles, a vida e a missão ganham qualidade e eficácia, e tudo o que não serve é retido e eliminado. Imagine neste procedimento a função de um filtro de água: ao passar pelo filtro a água fica limpa, livre de impurezas, deixando para trás o que a polui e prejudica. Se aplicamos esses filtros aos nossos relacionamentos pessoais e profissionais, a vida fica mais pura e leve, pois o que atrapalha a vida e os relacionamentos são as impurezas.

O terceiro capítulo é uma reflexão sobre as "quinze doenças" apontadas pelo grande gestor, o Papa Francisco, aos que estão no comando de instituições e de pessoas. Na reflexão original, o Papa fala da Cúria Romana, mas aqui eu as aplico a todos os que têm cargo de direção ou gestão. Qualquer pessoa com tais responsabilidades pode ser acometida dessas "enfermidades" que atrapalham os empreendimentos e os resultados da missão. Muitas dessas "enfermidades" estão relacionadas a sentimentos e posturas como, por exemplo, o sentimento de imortalidade que leva a oprimir e maltratar terceiros, as bajulações e a "divinização" de líderes a fim de obter vantagens, entre outros procedimentos que presenciamos quando gerimos pessoas ou quando somos geridos. Nesse terceiro capítulo descrevo essas "enfermidades" uma a uma e aplico-as a diversas realidades.

Alguns procedimentos valiosos que reuni aqui neste livro foram extraídos de uma lenda (ou parábola) que tem muito a ensinar na gestão de pessoas. Ela é conhecida como "As Sete Lições do Bambu". É um ensinamento da natureza que, se aplicado à vida humana, pode contribuir muito para uma gestão eficaz. Não falarei dele agora, mas o leitor poderá conhecê-lo e aplicá-lo a partir da leitura do quarto capítulo. A parábola circula pela *internet* e é de autoria desconhecida, mas aqui é feita uma reflexão aprofundada de cada uma de suas lições e de como aplicá-las na autogestão e na gestão de pessoas.

No quinto capítulo é feita uma reflexão sobre a hierarquia das necessidades proposta por Abraham Maslow, com o intuito de aplicar essa teoria na gestão de pessoas. Com esse conceito, Maslow deu uma valiosa contribuição para os gestores de pessoas, mostrando que quanto maior for o grau de satisfação nessa pirâmide de necessidades do ser humano, maior será a contribuição das pessoas nos seus empreendimentos. Por essa razão, a considerei valiosa como complemento e aprofundamento do propósito deste livro, tomando o cuidado de retomá-la, aqui, à luz dos desafios contemporâneos da gestão de pessoas.

Outra contribuição importante, e que não poderia ficar de fora de uma obra sobre gestão de pessoas, são as estratégias de Napoleon Hill para o êxito nos empreendimentos. Aqui, tais estratégias foram relidas e aplicadas à gestão de pessoas e resultaram em uma valiosa contribuição para esta obra e para todos os que a lerem. A grandeza da "filosofia" de Hill, mesmo que em pequena dose, está presente no sexto capítulo desta obra e contribuirá muito se for colocada em prática.

Por último, como considerações finais, apresento dez procedimentos essenciais na liderança de pessoas. Fica nítida então a grande contribuição que esta obra pode dar para a gestão da sua vida pessoal e profissional, sobretudo se você atua na gestão de pessoas. Apesar da ênfase na gestão do terceiro setor, principalmente em instituições eclesiais, trata-se de uma obra para gestores de empresas de qualquer setor e pessoas que queiram gerir bem a própria vida.

1
Aprenda a se autogerir para gerir bem os outros: princípios básicos

A autogestão é o primeiro passo para gerir outras pessoas. Quem não saber gerir a própria vida dificilmente saberá gerir a dos outros. A autogestão começa com uma boa organização da vida pessoal, pois ela é o espelho da vida social e da vida empresarial; começa pela gestão do nosso interior, o qual, embora pensemos que ninguém enxerga, gera reflexos que atingem diretamente nossos atos.

Às vezes nem mesmo nós enxergamos nosso interior e por isso somos descuidados com ele, como se não tivesse importância. Mal sabemos que ele é determinante na qualidade de nossa vida, das nossas relações e do sucesso dos nossos empreendimentos. Quem negligencia o seu interior consequentemente descuida do seu exterior.

Costumo dizer que o cuidado com nossos espaços particulares, como, por exemplo, o nosso quarto, que é o espaço mais íntimo que temos, reflete quem somos e como cuidamos do nosso interior. Quando fui reitor de seminário, costumava, vez por outra, visitar de surpresa o quarto dos seminaristas para ver como andava a organização. A organização – ou a falta dela – que era encontrada no quarto costumava refletir a vida daquele jovem. Daí então buscava trabalhar com eles essas questões, mostrando que quem não cuida do seu espaço mais íntimo, o quarto, demonstra uma desorganização interna. Essa dica de observação comportamental serve para todas as pessoas. Quer saber como anda sua organização interior? Observe a sua casa e, mais especificamente, o seu quarto. Seria bom que todo empresário, antes de confiar a gestão da sua empresa a um gerente, fosse antes visitar a sua casa, seus aposentos. Ali ele teria uma noção bastante fiel da capacidade de organização e de gestão que aquela pessoa dedicaria à sua empresa. Essa dica serve também para outras instâncias, como, por exemplo, a família, na gestão dos filhos, por exemplo. A mãe que vive arrumando a bagunça que os filhos deixam no quarto, sem exigir deles o mínimo de responsabilidade com seus espaços, ensina-os a serem irresponsáveis na vida social e profissional. Ensiná-los a cuidar dos próprios ambientes é uma medida educativa para a futura vida profissional, independentemente da classe social ou poder aquisitivo. Dinheiro não compra capacitação pessoal e profissional. Se não aprende em casa as lições básicas de responsabilidade pessoal, social e profissional, dificilmente a pessoa irá aprendê-las em outras instâncias ou instituições.

    A autogestão passa pelo cuidado de si para aprender a cuidar dos outros. O cuidado de si depende de outros fatores que veremos mais adiante, como o amor próprio, a autoestima e outros elementos que vamos adquirindo desde a mais tenra idade, na vida e nas relações que se desenvolvem dentro de casa, mas que duram a vida toda. Cuidar de si é zelar pela própria saúde e evitar a autoagressão, a autodestruição, seja pela ingestão de bebidas ou alimentos nocivos à saúde, seja pelo cuidado da mente, para que ela produza coisas boas.

A autogestão é também cuidado com a aparência; quem o faz cultiva a autoestima. Certa dose de vaidade não faz mal a ninguém, independentemente do sexo ou da idade. Vaidade não é problema, desde que ela não seja patológica. Quem se sente uma pessoa bonita, interna e externamente, terá boas relações com as outras pessoas. Nada é mais degradante nos relacionamentos pessoais do que se sentir uma pessoa feia e, consequentemente, rejeitada. Não há relacionamento pessoal que resista quando a pessoa não se sente bem consigo, com a sua aparência. Nesse caso, há uma grande probabilidade de ela ficar de mal com a vida, mal-humorada, revoltada, podendo desencadear comportamentos autodestrutivos ou que possam prejudicar outras pessoas como, por exemplo, a inveja.

Aponto, no organograma a seguir, oito passos fundamentais para conectar a gestão pessoal às demais categorias de gestão, possibilitando que o gestor obtenha êxito na vida pessoal e profissional. O foco é o treinamento da mente para obter sucesso, êxito, ou seja, alcançar os objetivos. Os passos são:

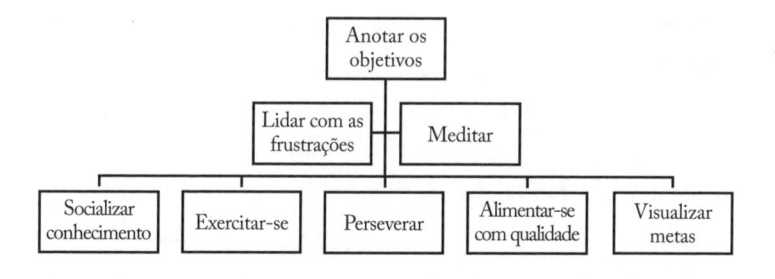

- Anotar os objetivos
- Lidar com as frustrações
- Meditar
- Socializar conhecimento
- Exercitar-se
- Perseverar
- Alimentar-se com qualidade
- Visualizar metas

Vejamos agora cada um deles e qual a sua importância no processo de gestão pessoal e profissional.

Registre os objetivos

Em primeiro lugar é preciso ter objetivos. Quem não tem objetivos acaba tornando a vida sem sentido, sem rumo, e fica vulnerável ao desânimo, à desmotivação e até mesmo a doenças como, por exemplo, a depressão. Essa recomendação serve para todas as pessoas, de qualquer idade ou condição social. Embora os objetivos variem de acordo com a realidade de cada um, eles são norteadores da nossa vida e, por isso, é preciso tê-los. Se você não tiver mais objetivos, considere-se, de forma metafórica, uma pessoa morta.

Desse modo, tenha objetivos definidos, isto é, tenha clareza daquilo que você deseja alcançar na vida. Quanto mais clareza se tem dos objetivos, mais fácil fica o caminho para chegar até eles. Daí a importância de escrevê-los, anotá-los.

Os objetivos são geralmente divididos em categorias, mas duas delas são as mais importantes: objetivo geral e objetivos específicos. Essa divisão vale tanto para o planejamento pessoal quanto para o planejamento empresarial, lembrando que em muitos casos essas duas modalidades de planejamentos estão estreitamente relacionadas, pois os objetivos de uma empresa só serão alcançados se eles forem os mesmos objetivos de quem a está gerindo.

O objetivo geral consiste naquela meta principal para a qual direcionamos a nossa vida. É o fim último que desejamos alcançar. É ele que vai dar sentido à vida, que vai nortear nossas ações, que vai conferir motivação para continuarmos buscando. A outra categoria, a dos objetivos específicos, compreende aqueles objetivos menores, que na verdade são meios para atingir o fim determinado. Eles funcionam como uma escada que nos leva ao topo, à meta principal, e é preciso que se tenha claro cada um desses objetivos para não perder-se no meio do caminho.

Vejamos um exemplo: a pessoa que almeja formar-se em medicina. Ela sabe que precisa percorrer um longo e árduo caminho para tornar-se médica. Primeiro ela precisará estudar muito para poder passar no vestibular que, comumente, é concorridíssimo nessa área. Terá que sacrificar noites de sono, dias de lazer e enfrentar o desgaste e o cansaço de uma rotina exaustiva de estudos. Assim, estudar para passar no vestibular trata-se apenas de um objetivo específico. Ele não é o fim em si mesmo, assim como o vestibular não o é. Este também é apenas um meio para entrar na faculdade. Há quem comemore a aprovação no vestibular como se ela já fosse a formatura. É preciso tomar muito cuidado porque corre-se o risco de confundir o objetivo específico (passar no vestibular) com o objetivo geral (ser médico). Quem passou no vestibular apenas atingiu um objetivo específico, isto é, galgou um degrau nessa longa escada. Portanto, não é recomendado gastar tanta energia em comemorações porque grande parte dela ainda será necessária para percorrer longos anos de estudo até chegar à formatura. Passar no vestibular não é garantia de se formar. Há muitos que desistem no meio do caminho porque não têm claros os demais objetivos específicos que lhes possibilitarão alcançar o objetivo geral. Daí a necessidade de anotar, escrever os passos seguintes (os objetivos) para não se perder no caminho, porque ele é longo, com muitas curvas, aclives e declives, obstáculos das mais variadas naturezas, que vão exigir muitos recursos, esforços, empenho e dedicação do estudante.

Assim, se a meta principal de uma pessoa é formar-se em medicina ou qualquer outra conquista, será necessário visualizar os degraus da escada (objetivos) que ela precisará subir. E isso deve ser feito por escrito. Mesmo que sejam objetivos a curto prazo, anote no seu caderno, escreva-os em uma lousa, no espelho do banheiro, em cartazes no seu quarto, enfim, onde for mais fácil para que você os visualize.

Não é por acaso que quando se vai iniciar uma especialização, por exemplo, seja ela *lato sensu* ou *stricto sensu*, é pedido que se faça antes um projeto. Esse projeto nada mais é do que escrever o que se pretende alcançar, isto é, o que se pretende fazer. A partir daí o orientador poderá saber como conduzir o aluno na subida dessa escada para que ele alcance a meta traçada, ou o objetivo geral, que é concluir a especialização ou pós-graduação.

É claro que a escrita de um projeto de pesquisa é só uma maneira – mais sistemática – das muitas existentes para se escrever os objetivos a serem alcançados. Trago esse exemplo para elucidar a importância de escrever as metas que pretendemos alcançar, sejam elas de curto, médio ou longo prazo.

Saiba gerir bem as suas frustrações

Voltemos ao exemplo da pessoa que deseja ser médica ou formar-se em qualquer outra área. Em primeiro lugar, ela precisa querer de fato aquilo que está almejando; precisa ter vocação para a área escolhida, do contrário, não conseguirá concluir os estudos e se formar. E mesmo que se forme, não será um bom profissional porque aquilo não é sua vocação. Não é incomum pessoas abandonarem seus cursos pela metade ou, mesmo depois de formadas, não trabalharem naquela área porque não gostaram ou não se identificaram com a profissão na qual se formaram.

É muito importante saber que em qualquer área, em qualquer profissão, e até mesmo em qualquer vocação, haverá frustrações. Por mais que amemos aquilo que fazemos, ou pretendemos fazer, haverá frustrações, e saber lidar com elas é fundamental para o êxito na carreira, na vida profissional e na vida pessoal. Volto a reforçar que a vida profissional é inseparável da vida pessoal. Embora tenhamos que aprender a não misturar as coisas para não atrapalhar nem uma nem outra, elas seguem conectadas na nossa vida, entrelaçadas e se influenciando mutuamente. Quem se frustra na vida profissional terá sua frustração refletida na vida pessoal; da mesma forma, quem se frustra ou se decepciona na vida pessoal sentirá seus reflexos na vida profissional. Por exemplo, para uma pessoa que é mal-amada (vida pessoal) ou que não se ama, será grande a probabilidade de tornar-se um profissional com dificuldade no relacionamento interpessoal, tratando os outros com grosseria, mau humor, etc. Essa pessoa terá dificuldade de gerir pessoas na empresa onde trabalha, na família ou em qualquer outra área social. Portanto, é fundamental não deixar que as frustrações pessoais ou profissionais interfiram nas demais áreas da vida. Daí a necessidade de saber lidar com as frustrações.

Não existe uma receita mágica para eliminar as frustrações, mas existem formas ou maneiras que nos ajudam a lidar com elas, de modo que elas não atrapalhem tanto a nossa vida pessoal ou profissional. Vou indicar aqui algumas, mas existem muitas outras. Cada um deve encontrar o seu melhor caminho. O que apontarei aqui são dicas gerais; elas não têm contraindicação, podendo ser exercitadas sem receios.

Não criar muitas expectativas

Filósofos como Schopenhauer e Sêneca constataram que grande parte das frustrações e infelicidades do ser humano tem sua raíz nas expectativas que não foram correspondidas. Quando criamos expectativas em torno de algo ou de alguém e elas não correspondem àquilo que esperávamos, vêm as frustrações. Porém, não criar expectativas é algo muito difícil, exige treino e uma dose de despreocupação com a situação, mesmo que ela seja muito importante para nós.

Quem é que nunca teve suas expectativas frustradas? Quase todos os dias milhões de pessoas no mundo passam por isso. Muitas dessas situações são corriqueiras, até banais, não passando de decepções momentâneas, logo superadas ou esquecidas. Mas há outras grandes, que chegam a mudar os rumos da vida das pessoas. Essas decepções mais graves estão quase sempre relacionadas a negócios, ao mundo do trabalho ou a pessoas.

Uma pessoa que cria expectativas em relação à outra e imagina que ela seja um ser diferente daquilo que de fato ela é pode sofrer grandes frustrações, principalmente se essa decepção vem depois de um casamento ou de um compromisso mais sério. Acontece também em relação a um funcionário que, durante a entrevista ou nos primeiros meses de trabalho, demonstrou ser uma pessoa espetacular, excelente profissional, mas que depois, com o passar dos meses, revelou ser o oposto de tudo aquilo que se acreditou em relação a ele. Essas e outras situações causam frustrações, decepções, desencantamento e têm outras consequências que podem ser mais sérias.

Há também aquelas decepções relacionadas a lugares, filmes, livros, etc. Alguém diz que tal lugar é maravilhoso e pinta um quadro que nos leva a imaginar um pedaço do paraíso, porém, quando conhecemos o lugar, percebemos que não é nada daquilo e nos decepcionamos com o que vimos, pois o paraíso estava só na imaginação ou na fantasia de quem fez propaganda. Por exemplo, o Rio de Janeiro é tido como a "cidade maravilhosa", porém, um amigo meu ficou horrorizado quando viu a cidade pela primeira vez. Ele imaginava a cidade dos cartões postais, mas, assim que o avião se aproximou do Aeroporto Internacional Tom Jobim e ele avistou a cidade, disse ter tido a primeira decepção. A cidade que ele viu pela janela do avião não correspondia àquela que ele tinha na sua imaginação. Ele viu gigantescas favelas, baías extremamente poluídas e, ao desembarcar e seguir pelas avenidas, viu sujeira e mau cheiro pelas ruas. Sua decepção foi se confirmando à medida que se distanciava do aeroporto e se dirigia, de táxi, para seu destino. Disse não ter visto beleza alguma, apenas moradias precárias, poluição, sujeira, odores desagradáveis e muitos urubus. Até mesmo os lugares mais badalados da Zona Sul da cidade não corresponderam às suas expectativas, fazendo-o voltar com uma péssima imagem da "cidade maravilhosa".

Algo similar ocorreu comigo com duas praias do Nordeste. Fui conhecer a famosa praia de Itapuã, em Salvador, com a ideia romântica de Tom Jobim, imaginando encontrar uma praia paradisíaca, e o que vi em nada correspondeu à praia imaginária das minhas expectativas e da canção que a imortalizou. Vi uma praia comum, com uma pequena faixa de areia e muitas pedras. Confesso que me decepcionei e não me entusiasmei em "passar uma tarde em Itapuã", como sugere Tom Jobim na canção. Decepção semelhante eu tive com a praia de Ponta Negra, em Natal, Rio Grande do Norte. Estive lá com a imagem da praia de Copacabana na cabeça (comparação é outro procedimento passível de decepção) e, quando a vi, não acreditava que estava na praia de Ponta Negra. E de fato eu não estava. Pelo menos não na praia da minha imaginação. A praia de Ponta Negra das minhas expectativas estava bem além daquela que eu tinha diante de meus olhos. Voltei decepcionado, porque minhas expectativas tinham sido superiores à realidade. Hoje quando vou para um lugar que não conheço, busco não criar expectativas. Assim, não tenho decepções e, se o lugar for de fato encantador, só tenho a ganhar com isso, sem ficar com aquela sensação de frustração que comumente temos quando nossas expectativas não são correspondidas.

Portanto, se quiser evitar frustrações, não crie expectativas, pois quando elas não se confirmam vêm as frustações e, junto com elas, sentimentos negativos que ofuscam o brilho da vida. Assim, quando acontecerem, as coisas boas serão motivos de alegria e, quando elas não derem certo, não ficaremos tão decepcionados. Geralmente nos decepcionamos e nos frustramos com as coisas, situações ou pessoas que idealizamos além daquilo que elas são e sobre as quais criamos expectativas. Os filósofos Schopenhauer e Sêneca tinham razão: as frustrações estão nas expectativas e idealizações não correspondidas. Se tivermos sempre os pés no chão e tirarmos a cabeça das nuvens, teremos mais possibilidades de alcançar a felicidade, pois não precisamos de muito para tal, o que não quer dizer que não temos de ter imaginação.

Assim, quando as expectativas não se confirmam, a tendência é nos frustrarmos. Porém, é difícil não criar expectativas, pois quando almejamos algo naturalmente esperamos o melhor. Isso, em si, não é ruim, pelo contrário, é bom, mas é importante saber que as coisas também podem não ser como esperamos.

Por exemplo, em um concurso, todo candidato o presta com a esperança de ser aprovado, mas, dependendo da concorrência, as chances de aprovação podem ser remotas. Nesse caso, é bom não criar expectativas quanto à aprovação porque se houver reprovação, com certeza, haverá frustração, e as consequências dela podem ser nocivas à vida pessoal.

    No começo da minha vida como escritor eu ficava frustrado cada vez que uma editora rejeitava um original que eu enviava para análise. Porém, desde o começo eu fui aprendendo a lidar com essa situação e a não criar expectativa em relação à aprovação do livro. Passei a ter plena consciência de que a probabilidade de rejeição de um original enviado é bem maior que a de aprovação e que isso não acontece apenas comigo, mas com a maioria dos escritores com pouca visibilidade no mercado editorial, de modo que essa rejeição nem sempre está relacionada com a qualidade do texto. Hoje esse fato não interfere na minha vida de escritor, porque escrevo por vocação e acredito na qualidade dos meus textos. Sei que se uma obra não é aprovada por uma editora poderá ser aprovada por outra, pois as razões para a rejeição de um texto podem envolver, por exemplo, a crise do mercado editorial, a linha editorial incompatível com o texto apresentado, um calendário de publicações já preenchido, entre outras coisas. O importante é não desistir e entender que a criação de expectativas é um caminho certo para a frustração. Portanto, evite criá-las, seja em relação a pessoas, a situações ou mesmo à aprovação de projetos.

Evitar idealizações de pessoas e situações

    Outra causa de frustração é a idealização de pessoas ou situações, de modo que evitando-a, evitamos também as frustrações. Olhando dessa maneira parece simples, mas não é, pois isso exige treino e certa dose de adestramento da nossa imaginação, que tende a formular imagens que comumente vão além do real, seja de pessoas, situações, fatos ou eventos.

Idealizar é imaginar de maneira ideal; é criar na imaginação fantasias, ou seja, fantasiar algo ou alguém, revestindo aquilo ou aqueles de um caráter ideal, tornando certa a frustração. A tendência da maioria das pessoas é idealizar, formar uma ideia prévia sobre alguém, alguma situação ou acontecimento e, ao não ver correspondido o seu ideal, se frustrar, o que é profundamente prejudicial para a vida pessoal e profissional.

Em relação às pessoas, refiro-me aos rótulos que nelas colocamos sem ao menos conhecê-las. A tendência mais comum é vermos alguém pela primeira vez e já associarmos a ela uma imagem, procedimento ao qual damos o nome de "impressão": "Não tive boa impressão daquela pessoa" ou "Tive uma boa impressão daquela pessoa". Esse procedimento é, na verdade, "pré-conceito", ou seja, aplicamos àquela pessoa um conceito prévio, baseado em critérios subjetivos, internos, que na maioria das vezes não passam de reflexos nossos nela projetados. A tendência desses procedimentos é a de gerar rótulos.

Uma vez rotulado, enxergamos no outro primeiro o rótulo que colocamos, mesmo que este não corresponda ao que ele de fato é, o que comumente acontece, pois um rótulo é deveras limitado para classificar quem uma pessoa é de fato.

O procedimento funciona mais ou menos como numa garrafa de vinho ou em qualquer outra embalagem. Antes de pegar um produto na prateleira do supermercado, olhamos para o seu rótulo, sobretudo se a marca for desconhecida. Se alguém já usou antes aquele produto, isto é, já o avaliou para além do seu rótulo literal, e essa pessoa nos deu informações prévias sobre ele, vamos com essa ideia preconcebida do produto e o levamos porque alguém disse que ele é bom, mas só vamos saber se de fato o é depois de usá-lo ou consumi-lo. O que está ali descrito no rótulo deveria corresponder ao seu conteúdo, mas nem sempre isso procede. Se eu compro uma garrafa de vinho, eu quero levar vinho e não outro produto. Porém, não é só isso que traz um rótulo, ele traz também outras informações, como, por exemplo, o tipo de vinho, a safra da uva, o tipo de uva, o teor alcoólico, a procedência, entre outras coisas. Depois de ver a descrição do rótulo e essa corresponder ao meu ideal de vinho, eu compro o produto. Somente após consumi-lo é que vou saber se ele satisfez ou não a ideia que eu tinha dele.

Muitas vezes, aquilo que está no rótulo não corresponde à qualidade do produto, sendo apenas uma espécie de propaganda que envolve apelos comerciais. No caso citado, se a pessoa entende de vinho, ao consumi-lo ela irá saber se aquilo que está no rótulo corresponde ou não ao seu conteúdo. Tratando-se de produtos, existe certa inspeção para que estes sejam de fato descritos pelo rótulo, mas em relação a pessoas isso não funciona. As aparências podem enganar e na maioria das vezes enganam. Alguém pode parecer honesto e não ser honesto; pode parecer bom profissional e não ser um bom profissional ou, ao contrário, pode parecer uma pessoa desqualificada e sem capacitação, e ser qualificada e capacitada. Por essa razão, é preciso muito cuidado na hora de "rotular" as pessoas ou fazer julgamentos baseados em aparências.

É difícil escapar dos rótulos, tanto dos que colocamos nas pessoas quanto dos que nos são colocados, mas exercitar a mente para não se precipitar em rotular os demais é fundamental na gestão de pessoas. Injustiças tremendas são cometidas no mundo profissional e em outras áreas, porque atitudes foram tomadas com base em aparências ou em informações erradas. Nunca faça julgamentos precipitados e evite criar expectativas em relação às pessoas, pois a probabilidade de se enganar, se decepcionar e se frustrar é muito grande. O mesmo cuidado devemos ter com as situações e os empreendimentos. Por exemplo, quando vamos a um evento ou vamos fazer uma apresentação na empresa, na universidade ou na igreja, e criamos uma expectativa alta sobre o acontecimento, podemos ficar frustrados, achando que ele deixou a desejar.

O mesmo ocorre com alguma apresentação que vamos fazer em alguma conferência ou congresso. Nos dedicamos muito ao preparo, selecionamos todos os materiais, pensamos em todos os detalhes, e, por fim, imaginamos que ela será um sucesso, que seremos aplaudidos, elogiados e aquilo que vamos falar será o assunto do momento devido ao impacto positivo que causaremos com nossa apresentação. Porém, quando apresentamos e não alcançamos aquilo que esperávamos, e nossas expectativas não foram correspondidas, nos decepcionamos. O resultado disso é a frustração. Se tivéssemos evitado idealizar o evento, teríamos evitado esse sentimento.

Isso não quer dizer que não devemos ter expectativas nas coisas que vamos realizar. Podemos e devemos ter expectativas, mas aquelas que tenham probabilidade de serem atendidas. Não podemos idealizar algo que não tem nenhuma chance de ser real, pois esse tipo de sonho só pode resultar em frustrações.

O mais indicado é não criar expectativas em demasia, pois se as pessoas e situações nos surpreenderem, saberemos lidar com tais surpresas. Se a surpresa for boa, melhor, nos fará um bem enorme que nos impulsionará ainda mais. Se forem surpresas desagradáveis, o impacto não será tão devastador, pois não tínhamos criado nenhuma expectativa muito elevada em relação àquela pessoa, ocasião ou situação.

Porém, se não conseguirmos evitar as expectativas, o que teremos a fazer é lidar bem com a frustração originada pela situação. É preciso ter equilíbrio e tranquilidade para enxergar o lado positivo daquilo que se revelou contrário ao que esperávamos.

Agir na gratuidade

Quem age com gratuidade não fica à espera de recompensas, agradecimentos ou pagamentos pelo que fez. Isso também evita frustrações. Quando fazemos as coisas apenas por interesse, e esse nosso interesse não é correspondido, ficamos frustrados. Assim, a melhor forma de evitar frustrações é exercitar a gratuidade; é pensar no bem que aquela nossa ação irá fazer na vida de outras pessoas, e essa recompensa não tem preço.

Porém, isso não é fácil, exige treino e conversão, pois precisamos mudar nossos conceitos de valores para perceber que os bens materiais nem sempre são o ponto mais importante da vida. Eles são necessários, mas, ao mesmo tempo, não precisamos de tudo o que acreditamos precisar. A maioria das coisas que queremos não passa de um fruto da nossa ambição, das comparações que fazemos com o que os outros têm ou de uma tentativa de compensação de nossas carências. Há valores muito mais importantes que os bens materiais ou financeiros e muitas vezes não percebemos isso, gastando nossas energias na busca de algo que trará apenas uma satisfação momentânea. A pessoa que está bem, feliz e satisfeita consigo, terá realizações pessoais que nenhum dinheiro ou outro bem material poderá trazer. Além disso, estando bem, a pessoa também consegue encontrar formas de ganhar dinheiro e de ter os bens que realmente são necessários.

Assim, quando fizermos algo, que o façamos na gratuidade, ou seja, sem esperar recompensas. Se elas vierem, serão elementos que vêm somar e não nos frustrar. Na verdade, essa é uma orientação bíblica (Lc 17,7-10; Mt 6,1-6) que pode nos ajudar a evitar frustrações.

Saber que as coisas podem não dar certo

Quando planejamos algo queremos que o resultado seja conforme o esperado, que dê certo, pois ninguém planeja algo para dar errado. Entretanto, nem sempre isso acontece, pois existe a lei da probabilidade. Por mais certeiro que seja um negócio, um empreendimento ou investimento, corre-se o risco de algo não dar certo. Ter consciência de que as coisas podem não sair como queríamos ajuda a lidar com as frustrações. Isso vale para tudo, desde as coisas mais simples da vida até as mais complexas e importantes.

Usemos como exemplo o planejamento de uma viagem: ao planejá-la, queremos que tudo dê certo e que possamos realizá--la com tranquilidade. Porém, existem os imprevistos, os acidentes, e se não tivermos consciência deles, quando eles ocorrerem, não saberemos como lidar, gerando estresse e outros sofrimentos. Numa viagem pode haver atrasos e cancelamentos de voos, esquecimento de documentos, acidentes e outros incidentes. Quem se aventura numa viagem precisa estar preparado para os imprevistos, pois quando eles ocorrerem pode-se ter mais serenidade e equilíbrio para solucionar o que pode ser solucionado e aceitar o que não pode ser resolvido. O mesmo ocorre com os negócios. Por mais certeiro que um investimento possa parecer, ele sempre traz algum risco. Sempre corremos riscos, mas precisamos saber se são os riscos certos, se eles valem a pena, enfim, não sermos ingênuos e achar que aquilo que estamos fazendo tem 100% de probabilidade de dar certo. Quem não arrisca não obtém o desejado. Se der certo é uma vitória, e isso vai lhe fazer muito bem. Se não der, você não ficará tão frustrado porque previu essa possibilidade. Quem encara a vida assim sabe lidar melhor com os riscos, com as falhas, enfim, com as consequências disso que chamamos de frustração.

Ter consciência de que os erros tendem a ser mais frequentes que os acertos

Essa regra vale para todos, inclusive para atletas em competições. Eles devem saber também que durante o treino para as competições os erros tendem a ocorrer mais que os acertos, e é preciso treinar exatamente para ir errando menos e acertando mais, até que essa situação se inverta e os acertos se tornem mais frequentes. Na vida as coisas não são diferentes, sejam quais forem os nossos empreendimentos. O que não podemos é abandonar as tentativas após falhar. Quando temos essa consciência não ficamos tão frustrados com os erros, e eles se tornam aprendizados. É errando que se acerta, diz o senso comum, e essa expressão procede e nos encoraja a não desanimar diante dos erros.

Quando vemos alguém tendo resultados satisfatórios, acertos, aprovações, vitórias, não imaginamos o que aquela pessoa passou para chegar até ali e quantas vezes ela errou para poder acertar. Acertar na primeira vez é para poucos. A maioria acerta depois de muitas tentativas, de muitos erros e fracassos. Os maiores vitoriosos não são os que vencem na primeira tentativa, mas os que, mesmo depois de sucessivos fracassos e derrotas, não desistiram.

Quem não tem consciência de que os erros são mais frequentes que os acertos se frustra nos primeiros obstáculos e desiste, achando que não é capaz ou que aquilo que busca nunca dará certo. Conheci uma pessoa que queria passar no vestibular, numa determinada área muito concorrida, e que não desistiu enquanto não passou. Para ser aprovada ela precisou prestar nada menos que dez vezes os exames vestibulares. Ela não desistiu enquanto não obteve a aprovação naquele curso que tanto queria, e hoje é uma profissional exemplar, com muitos títulos e prêmios. Se ela tivesse desistido nas primeiras tentativas, não seria a profissional respeitada que é hoje e talvez fosse uma pessoa frustrada.

Um atleta, quando pretende competir em uma Olimpíada, precisa de muito treino. Muitos erros e fracassos farão parte de sua busca, mas se esse for mesmo o seu objetivo, ele não desistirá. Diego Hypólito, atleta olímpico, bicampeão brasileiro, mesmo depois de sucessivas desclassificações, derrotas e acidentes (Pequim/2008 e Londres/2012), e até uma situação de enfermidade (depressão), não desistiu de sua meta, chegou mais uma vez às Olimpíadas, treinou exaustivamente, competiu e ganhou medalha de prata nos exercícios de solo nas Olimpíadas do Rio de Janeiro, em 2016. Ele sabia que a sua vitória seria a soma de sucessivas derrotas, mas não da desistência, por isso seguiu firme, sem esmorecer. Quem desiste diante da derrota será sempre uma pessoa derrotada. Quem levanta a cabeça e segue adiante, vence. O exemplo dos atletas deve incentivar a busca pelos nossos ideais. Derrotas fazem parte da vida, mas elas não representam fracasso. Fracasso é diferente de derrota. É nas derrotas que se revelam os verdadeiros campeões. Quem sabe lidar com as derrotas já deu um grande passo para a vitória. Só é merecedor do pódio quem soube enfrentar as derrotas das competições. Diego Hypólito foi um grande merecedor do pódio porque soube encarar as derrotas e fazer delas oportunidades de fortalecimento.

Ainda no campo dos esportes, encontramos o exemplo de Michael Jordan, atleta norte-americano que tem uma história muito conhecida. Negro, de família simples, tido como mediano nos esportes, foi afastado da equipe de basquetebol da sua escola por ser considerado abaixo da média nos rendimentos daquele esporte. Depois disso ele passou a treinar duas horas por dia, ininterruptamente, até chegar onde chegou. Se ele tivesse dado ouvido às críticas e aos julgamentos que dele fizeram, não teria se tornado o ícone que se tornou. Ele costuma dizer que foram as falhas que teve que o levaram ao sucesso. Uma de suas célebres frases motivacionais é: "Errei mais de 9 mil cestas e perdi quase 300 jogos. Em 26 diferentes finais de partidas fui encarregado de jogar a bola que venceria o jogo, e falhei. Eu tenho uma história repleta de falhas e fracassos em minha vida". Exemplos como esse de persistência e de como lidar com as falhas e fracassos nos ajudam a nos motivar diante das situações de derrota que por si mesmas são desestimulantes. Michael Jordan é considerado o maior jogador de basquete da história. Em sua trajetória aprendeu a lidar com fracassos e derrotas, não se fazendo de vítima, mas buscando neles a força necessária para ser um vencedor. Talvez, se ele não tivesse lidado com tantas derrotas não seria a lenda que é hoje. O mesmo ocorreu e ocorre com tantas outras pessoas, sejam elas anônimas ou gênios. Gênios como Albert Einstein, por exemplo, que foi um divisor de águas na história da Física, também teve uma trajetória de derrotas, pois ninguém consegue obter sucesso na vida, ser um vencedor, se não trabalhar, batalhar muito, enfrentar os fracassos. Einstein teve uma vida difícil, cheia de obstáculos. Talvez alguém imagine que ele tenha sido disputado pelas universidades para tê-lo nos seus quadros de professores, mas não foi bem assim. Primeiro teve sua admissão recusada na Escola Politécnica de Zurique. Depois de formado, tentou por dois anos um cargo de professor, mas foi excluído várias vezes. Foi expulso do próprio país pelo governo nazista da Alemanha, que via em suas obras um perigo para os alemães, e declarado inimigo do povo. Foi massacrado em sua terra natal, e seu nome esteve na lista dos que seriam assassinados. Como se não bastasse, na infância foi classificado pelos seus professores como "mentalmente lento". Dizem que ele só conseguiu falar aos 4 anos e ler aos 7. Pode ser até normal para uma criança comum, mas não para o gênio que ele se tornaria mais tarde. Einstein mostrou que não existe sucesso sem derrota, lutas sem obstáculos, vitórias sem momentos de desânimo. Ele também passou por tudo isso, mas sabendo que o sucesso é resultado de sucessivas derrotas.

    Outro que deixou uma grande lição sobre os erros e acertos e de como eles fazem parte da dinâmica da vida e do sucesso empresarial foi Henry Ford. Dizia Ford que a derrota – que ele chamava de insucesso – é apenas uma oportunidade para recomeçar com mais inteligência, ou seja, uma ocasião de aprendizado já que os erros podem ser grandes mestres na escola da vida. E com essa filosofia ele se tornou um dos maiores empreendedores do mundo. Sua vida não foi apenas de sucessos, acertos e vitórias. Antes de se tornar um dos homens mais bem-sucedidos do mundo, foi à falência cinco vezes. Foi alvo de chacotas, e para desaminá-lo diziam a ele que os homens nunca substituiriam os cavalos por máquinas. Mas ele provou o contrário, criando máquinas com muitos "cavalos", superpotentes, e um nome no mundo empresarial conhecido por todos. Uma de suas frases motivadoras que atravessou o século foi: "Não encontre defeitos, encontre soluções. Qualquer um sabe queixar-se". Enquanto nos queixamos pelo fracasso ou insucesso, perdemos a oportunidade de avançar, dar um passo adiante, tentar de novo com mais experiência.

Como esses nomes, muitos outros mostraram ao mundo quão importante é compreender que as derrotas fazem parte da vida e do sucesso; que sem derrotas podemos não valorizar a vitória e, aí sim, fracassar de fato. Somente quem tem essa compreensão sabe viver o sucesso quando este vier, sem sucumbir a ele.

Aprender com os erros

Se é errando que se aprende, e se na vida os erros são sempre em maior número que os acertos, já temos um bom motivo para não nos frustrar com os erros e com as tentativas que não dão certo ou não saem como o planejado. Esses são os mestres, os professores da vida, e sem eles nosso aprendizado seria mais limitado, menos ousado. O que conta nos nossos empreendimentos é insistir e não desistir.

Não deu certo dessa vez? Não custa tentar mais vezes. Ou pode até custar, mas as recompensas valem as tentativas, sejam elas quantas forem. Se você não tentar, não der outros passos, não terá chance de obter aquilo que almeja.

Os que fracassam não são menos capazes do que os que vencem, eles apenas desistiram antes de verem seus sonhos realizados. Vencem os perseverantes, os persistentes, os que não desistem diante dos obstáculos, os que não dão ouvidos àqueles que tentam desestimulá-los. Todos nós somos capazes de quase tudo, basta acreditar e ir à luta. Desmotivações virão sempre e, muitas vezes, virão dos amigos mais próximos, dos familiares, dos que, por suporem te conhecer, acham que você não é capaz. Mas você é capaz e precisa acreditar nisso. Se você não acreditar em você e nas suas potencialidades, quem acreditará? Você tem que ser a primeira pessoa a acreditar em você. A crença dos outros em nós, nas nossas potencialidades, é importante, mas não é determinante para o nosso sucesso. O sucesso pessoal depende em 90% da própria pessoa e não dos outros. O que determina o sucesso pessoal é acreditar em si mesmo e buscar sem esmorecer, pois toda conquista começa com a decisão de tentar, e essa decisão começa por acreditar que aquilo que se busca é possível, mesmo que haja inúmeras derrotas nas lutas empreendidas. Ninguém ganha um jogo sem jogar, passa num concurso sem concorrer, enfim, não vence se não competir e não se dispor a aprender com os erros.

E o que é a vida senão uma infinidade de competições? Competimos desde a nossa concepção, a qual talvez seja a maior de todas elas, capaz de nos testar e nos preparar para as outras infinitas batalhas que a vida nos reserva. Dos milhões de espermatozoides, a célula reprodutiva masculina, apenas um chegou até o óvulo e o fecundou, e esse é você, que já chegou ao mundo como vencedor. Antes de ser quem você é hoje, você competiu com outros milhões que queriam o seu lugar, e você chegou primeiro, venceu a corrida, ganhou a luta. Por isso, não se considere um fracassado. Derrotado você será muitas vezes, mas fracassado, nunca, por maiores que tenham sido as suas derrotas nesta vida. Você já é um grande vencedor, mas há ainda muitas batalhas pela frente. Depois da concepção, continuamos na competição: competimos com nossos pais, disputando o seu amor; competimos com os demais ao longo da nossa vida, desde crianças, e algumas dessas competições são desgastantes, mas necessárias para a sobrevivência. Em cada competição nós ficamos ainda mais fortalecidos e preparados para as outras que virão. Quem não encara a vida como uma sequência de competições não entendeu a sua dinâmica. A teoria da evolução de Charles Darwin já comprovou isso: só sobrevivem os mais fortes, os mais resistentes, os mais insistentes.

Existem graus de competição e quanto mais ousados nós formos, mais chances de obter conquistas nós teremos. Não tenha medo de competir. É divertido e testa nossas potencialidades, nos prepara para as lutas, nos faz guerreiros, desde que participemos das competições da vida com integridade. Nunca diminua os outros para se engrandecer; não pise no seu semelhante para subir na vida; não calunie os outros para evidenciar suas qualidades; não pratique fraude para vencer no jogo da vida, pois quem age assim pode até vencer, mas não vai convencer nem a si nem aos outros e será um eterno frustrado. As outras vidas que nos cercam são necessárias para a nossa sobrevivência; precisamos uns dos outros e do meio em que vivemos para sobreviver.

Não desista dos seus projetos e empreendimentos, dos seus sonhos, e não transforme os sonhos dos outros em pesadelos por causa de suas ambições e desejos. Lembre-se que a maior conquista, como dizia Aristóteles, é a felicidade (o fim último), e que precisamos de muito pouco para ser feliz. Felicidade não consiste nos bens que possuímos, mas no bem que fazemos ao outro. Nenhuma tristeza alheia vale a nossa felicidade. Pense nisso quando estiver lutando para realizar seus sonhos, quando estiver competindo ou tentando algo na vida. Não tenha medo de obstáculos, mas tenha medo de ter medo. Se tiver que ter medo, que seja da covardia, da falta de caráter, da desonestidade, do preconceito e de tudo aquilo que possa prejudicar os outros.

Vitorioso não é apenas quem obtém o primeiro lugar, mas quem mesmo chegando por último não desistiu de lutar. Vitorioso não é apenas quem venceu na primeira tentativa, mas quem não desistiu mesmo diante de uma sequência de derrotas. Vimos que grandes gênios da ciência, dos esportes, das artes e de outras áreas só se tornaram o que são porque não desistiram diante dos fracassos. Albert Einstein disse que tentou 99 vezes e falhou, mas na centésima tentativa ele conseguiu, e assim recomendou que ninguém desista de seus objetivos, mesmo que eles pareçam impossíveis, pois a próxima tentativa pode ser a vitoriosa. Darcy Ribeiro, um dos mais renomados antropólogos brasileiros disse: "Fracassei em tudo o que tentei na vida. Tentei alfabetizar as crianças brasileiras, não consegui. Tentei salvar os índios, não consegui. Tentei fazer uma universidade séria e fracassei. Tentei fazer o Brasil desenvolver-se autonomamente e fracassei. Mas os fracassos são minhas vitórias. Eu detestaria estar no lugar de quem me venceu".

As portas que conduzem às glórias são estreitas e estão quase sempre fechadas. Não desista de continuar batendo, pois em algum momento alguma delas se abre e, uma vez aberta, saiba aproveitar a oportunidade que lhe foi concedida pela sua conquista, mas sem arrogância ou qualquer outra postura que o faça sentir-se superior aos outros. Você é um vencedor, mas não um ser superior.

Tenha a meditação como recurso coadjuvante na autogestão

Estamos tratando aqui da gestão de pessoas e, como já dito, a primeira pessoa a ser gerida somos nós mesmos. Quando gerimos bem a nossa vida pessoal estamos aptos a gerir a vida de outros. Para isso, o treinamento da mente é fundamental. O cérebro influencia diretamente no comando do corpo e é o responsável direto pelos nossos sucessos ou fracassos. Assim, é importante que foquemos nosso pensamento em coisas boas, positivas, que nos levem ao êxito não apenas profissionalmente, mas também nos relacionamentos. Um excelente instrumento para essa prática é a *meditação*.

Meditar é pensar com grande concentração de espírito, algo que muitas vezes nos falta na vida pessoal e profissional. Devido à correria do dia a dia e do excesso de atividades e compromissos, não temos muito tempo para nos concentrar naquilo que estamos fazendo, nem nas propostas que recebemos e nem nas pessoas à nossa volta. Tudo isso faz com que nossas ações sejam um tanto quanto impensadas ou mesmo superficiais.

Quando aprendemos a meditar, evitamos muitos problemas e aborrecimentos na vida porque muitos deles são resultado de ações impensadas, não refletidas, não meditadas. Existe uma regra básica de bom relacionamento que é "pensar antes de falar". Quem pensa antes de falar seleciona suas palavras e se torna uma pessoa mais prudente. Pessoas prudentes evitam transtornos e estresses na sua vida e na vida de outros. Se pensar antes de falar é importante, imagine pensar de modo sistemático, envolvendo o lado espiritual! Nisso consiste a meditação.

A meditação é um exercício espiritual que nos prepara para a contemplação em seu estágio mais elevado. E isso se dá através de uma prática de concentração mental que se propõe a levar, através de uma sucessão de etapas, à liberação dos laços materiais, superficiais, nos conectando com outra realidade que, comumente, sem a meditação nos passaria despercebida.

Perceber essas realidades invisíveis aos olhos é fundamental para a vida, os relacionamentos e, sobretudo, para o nosso desenvolvimento como pessoa. É importante lembrar que você não precisa ser religioso para meditar, mas se meditar como uma pessoa religiosa obterá muito mais êxito, porque as pessoas religiosas costumam ter mais disciplina, e meditação é, acima de tudo, disciplina da mente.

Assim, a meditação não consiste apenas em uma prática desenvolvida para monges ou pessoas consagradas a uma vida espiritual, mas deveria ser uma prática usual de qualquer um que queira ter equilíbrio e uma vida que vá além do imanente, das coisas palpáveis, por exemplo, os gestores. Lidar com pessoas e seus relacionamentos ultrapassa as coisas palpáveis e visíveis. Existe muito de transcendente nesse trabalho e esse conhecimento só é acessível através da meditação, pois ela é a senha de acesso ao metafísico e, se tratando de relacionamento humano, o metafísico tem grande influência no físico, naquilo que somos e naquilo que fazemos.

A meditação pode ser de cunho religioso ou não. O mais importante é o adestramento e o controle da mente para que ela possa nos conduzir aos nossos objetivos, às nossas metas, àquilo que pretendemos alcançar, seja uma meta *física* ou uma meta *metafísica*. Por exemplo, pessoas que exercitam a meditação evoluem no seu equilíbrio emocional, afetivo, relacional, lidando melhor consigo e, consequentemente, com os outros. Esse relacionamento equilibrado transcende o físico. Quem trabalha, por exemplo, no setor de Recursos Humanos de uma empresa, que lida diária e diretamente com pessoas, inclusive tomando decisões em relação às suas vidas, precisa estar bem mental e espiritualmente, e isso se consegue com o desenvolvimento do hábito de meditar.

Meditar é mentalizar ou visualizar coisas boas, positivas, influenciando o cérebro a pensar nelas e aumentando a probabilidade dessas coisas se concretizarem devido à influência e à força que a mente, o cérebro, tem sobre a nossa vida. Assim, a meditação é uma forma de sugestionar o cérebro para que nele se desencadeiem ações positivas, que nos favoreçam e nos tornem pessoas melhores. Por essa razão, a boa leitura, a boa música e outras práticas positivas que ajudam a exercitar a mente influenciam diretamente no desenvolvimento humano. Pesquisas comprovam que ouvir música clássica, por exemplo, é uma prática excelente para o desenvolvimento intelectual. Pessoas que adquirem o hábito de ouvir música clássica melhoram nos resultados dos seus estudos, nos relacionamentos pessoais e em diversas outras atividades intelectuais. O mesmo ocorre com a arte, cuja apreciação, sobretudo de pinturas, contribui para o desenvolvimento do cérebro e a evolução da mente.

Deste modo, junto a essas práticas, a meditação surge como uma forte aliada do treinamento da mente. Existem muitas maneiras de meditar e cada um deve encontrar aquela que mais se adapta ao seu estilo de vida ou à sua espiritualidade. Quase todas as religiões possuem métodos de meditação, mas você pode meditar sem ter nenhum vínculo religioso. Alguns métodos são bem parecidos, outros são bem específicos, mas todos, indistintamente, trazem bons resultados para a mente porque são formas de treiná-la para algo positivo. A seguir, são apresentados alguns destes métodos para que você possa encontrar ou elaborar o seu próprio caminho na meditação.

Como meditar

O primeiro passo para aprender a meditar é querer fazê-lo. Por isso, a meditação é a prática da concentração mental que alguém se propõe a levar a cabo, por intermédio de uma sucessão de estágios que, por sua vez, liberam canais de comunicação capazes de levar a pessoa a captar o que é essencial e se desligar de tudo o que é banal ou secundário que está à sua volta. Portanto, quando você se propor a meditar, tome antes algumas providências essenciais, como organizar o ambiente, arrumar a postura e planejar os acessórios, os recursos e o tempo que serão utilizados.

Escolha um ambiente silencioso, principalmente se você é principiante na arte da meditação. Ela exige concentração e os ruídos podem atrapalhar quem ainda não aprendeu o domínio de tal técnica. Assim, escolha um lugar calmo, que pode ser um campo, um bosque, uma sala de luz amena e silenciosa ou mesmo o seu quarto. As dicas dadas são para um ambiente fechado, mas elas podem ser adaptadas para os espaços ao ar livre, basta usar a criatividade.

Deixe o espaço na penumbra, com pouca entrada de luz. A luz principal deve vir de seu interior e é ela que sinalizará seu estágio na meditação. Mircea Eliade[1] lembra que, para certas escolas hindus, a luz interior é muito importante, ela é como um sinalizador do avanço no processo meditativo. Consequentemente, pouca luz externa ajuda a acender a luz interna que dirá se você aprendeu a técnica da meditação. Se puder, tire os objetos que possam atrapalhar sua atenção, como revistas, jornais, jogos, instrumentos de trabalho ou de lazer, etc. Providencie um aparelho de som com músicas para relaxamento, que podem ser músicas de estilo *new age*, músicas sacras na versão instrumental ou mesmo músicas clássicas como *As Quatro Estações*, de Antônio Vivaldi, as valsas de Johann Strauss, como *Danúbio Azul*, *Contos dos Bosques de Viena*, *Rosas do Sul*, *Vozes da Primavera* ou a *Valsa do Imperador*. Há também *A Sagração da Primavera*, de Igor Stravinsky, a *Sinfonia nº 9*, de Beethoven, e tantas outras canções transcendentais que possibilitam uma imersão em si mesmo durante a meditação.

Depois de preparar o ambiente e o som, é hora de pensar na postura que vai ser usada para melhor se concentrar. Há várias maneiras de se posicionar. Uns preferem ficar sentados na posição de lótus, outros preferem sentar-se em uma poltrona confortável e outros, ainda, preferem deitar confortavelmente sobre um tapete ou colchão. Qualquer uma dessas posições pode favorecer a meditação, desde que você se sinta bem e confortável. O que importa é o conforto, portanto, nada de roupas incômodas ou sapatos apertados. O melhor mesmo é retirar do corpo tudo o que puder, principalmente acessórios (relógios, anéis, pulseiras, etc.), além de roupas justas, sapatos, óculos, etc. Não se esqueça de calcular antes o tempo que pretende

---

[1] ELIADE, Mircea. *Mefistófeles e o Andrógino – Comportamentos Religiosos e Valores Espirituais Não-Europeus*. São Paulo: Martins Fontes, 1999, p. 20.

meditar para que a preocupação com os afazeres não tire sua concentração. Depois de tudo isso, ligue o som, posicione-se conforme a posição escolhida e relaxe. No começo, preste atenção no som e, depois, comece uma viagem a um lugar real ou imaginário que seja, para você, paradisíaco. Não se preocupe se nas primeiras vezes você dormir. O sono, vindo dessa maneira, é relaxante e faz parte do processo de esvaziamento da mente das preocupações diárias. Meia hora é o suficiente para um bom relaxamento. Se precisar de mais tempo, faça mais.

Essa foi a primeira parte do processo de aprendizagem da técnica de meditação. Agora, passemos à segunda parte. Este segundo momento é a meditação propriamente dita, por isso, ele tem alguns passos a serem seguidos e é necessário que você esteja bem e relaxado, mas, sobretudo, acordado. O ambiente continua o mesmo e a música deve estar bem suave. O corpo é o elemento fundamental da meditação. Marcel Mauss lembra que "o corpo é o primeiro e o mais natural instrumento do homem. Ou, mais exatamente, sem falar de instrumento: o primeiro e o mais natural objeto técnico e, ao mesmo tempo, meio técnico do homem".[2] Portanto, dê muita atenção a ele porque "antes das técnicas de instrumentos, há o conjunto das técnicas do próprio corpo".

O passo a passo da meditação eficaz

Primeiro passo: o corpo. Se estiver vestido, sinta a roupa tocando seus ombros. Sinta as suas costas tocando o espaldar da cadeira ou do tapete, ou simplesmente sinta suas costas. Sinta seus braços, suas mãos, as coxas sobre o assento ou estendidas no chão, a maciez ou a dureza do assento ou do chão.

---

2 Cf. MAUSS, Marcel. "As Técnicas do Corpo". *Sociologia e Antropologia*. São Paulo: Cosac & Naif, 2003, p. 407.

Sinta suas pernas e a sola dos pés. Entre em contato consigo mesmo para entrar em sintonia com o universo. Repita essa sequência de pensamento sobre seu próprio corpo por três vezes.

Segundo passo: a respiração. Sinta o ar entrando nos pulmões. Sinta o ar passando pelas narinas. Sinta o ar e não pense. Continue respirando normalmente. Sinta a vida acontecendo por intermédio da respiração. Respirar é viver. Deus é vida, o universo é vida. A atmosfera está densa da presença de vida. Respire uma força superior que sustenta sua vida. Sinta o que sente agora: paz, adoração, louvor, ação de graças, tranquilidade. Sinta os desejos que o impelem nesta meditação. Sinta o ar que entra e sai dos seus pulmões.

Terceiro passo: os sons. Escute os sons que estão à sua volta: o mais suave, o mais distante. Deixe que lhe cheguem os sons, a imensa gama de sons que nos atingem. Cada som abarca uma infinidade de outros sons.

Quarto passo: os sentimentos. Tome consciência dos seus sentimentos. Não os analise. Simplesmente sinta-os. O que sente agora em relação a esse momento de meditação? O que deseja pedir? Deixe seus desejos mais profundos acontecerem no aqui e agora. Fale consigo mesmo sobre eles. Agradeça por eles existirem em seu coração. Agradeça por esse momento de contemplação, de comunhão consigo e com o universo à sua volta. Agradeça esse momento de meditação.

Esses quatro passos do processo de meditação poderão ser feitos com áudios que contenham as orientações anteriormente mencionadas ou outras similares. Há na internet vários recursos desse tipo. Adquira e use em suas meditações diárias. Eles, por conterem sons apropriados, dispensam outro tipo de som ambiente.

Método de meditação e oração: a **lectio divina** *ou* **leitura orante**

Passemos, a seguir, para uma segunda modalidade de meditação, agora mais voltada para a oração. É a chamada meditação através da *lectio divina*. A palavra latina *lectio*, em sua primeira acepção, significa ensinamento, lição. Em um segundo sentido, derivado, *lectio* também pode significar um texto ou um grupo de textos que transmitem tal ensinamento. Assim falamos de lições (*lectiones*) da Escritura lidas na liturgia. Finalmente, em um sentido posterior, *lectio* pode também significar leitura.

A *lectio divina*, além de meditação, é um exercício da escuta pessoal da Palavra de Deus e funciona como uma escada de cinco degraus espirituais: leitura, meditação, oração, contemplação e ação. Apesar de a metáfora dos degraus sugerir uma sequência, você pode elevar-se à oração e à contemplação no momento em que lhe aprouver. É preciso, portanto, estar aberto à ação de Deus. Para os monges do deserto, a leitura da palavra de Deus não é simplesmente um exercício religioso de *lectio* (leitura), que gradualmente prepara o espírito e o coração para a *meditatio* (meditação) e depois para a *oratio* (oração), na esperança de que possam mesmo chegar à *contemplatio* (contemplação) – se possível antes que a hora de *lectio* termine. Para os monges do deserto, o contato com a Palavra é contato com o fogo que queima e chama violentamente à conversão. O contato com a Escritura não é apenas um método de oração, é um encontro místico. Logo, a *lectio* é o desejo de permitir-se ser desafiado e transformado pelo fogo da Palavra de Deus.

Se no método anterior a meditação tinha quatro passos, neste ela tem cinco. Para esse método de oração é preciso que você tenha um ambiente parecido com o que foi citado anteriormente, mas pode ser também em uma capela, igreja ou mesmo no seu quarto, no momento em que você escolher para meditar. As ferramentas necessárias são a Bíblia, o silêncio e a disposição. Coloque-se em uma posição confortável, escolha um texto bíblico, um que lhe venha à mente, algum da leitura do dia ou ainda algum texto que alguém tenha lhe indicado. O mais importante é como você vai ler e meditar sobre esse texto escolhido. Vale lembrar que este não deve ser muito longo, o que dificultaria a gravação na memória de todo seu conjunto. Alguns versículos são suficientes para uma boa meditação.

Vejamos então os passos da *lectio divina*.

Primeiro passo: leitura. Leia atentamente o texto e pergunte: o que o texto diz? Preste atenção em todos os detalhes: o ambiente; o desenrolar dos fatos; os personagens; os diálogos; a reação das pessoas, procurando perceber seus sentimentos; os pontos mais importantes; as palavras mais fortes, sublinhando o trecho que mais lhe chamou a atenção. É importante que você identifique tudo isso com calma, como se estivesse vendo a cena. Esse passo é o que exigirá maior esforço de sua parte. Não é o momento de procurar direcionamentos para sua vida, mas para perceber o que o texto fala de forma genérica. A leitura em meia voz ajudará a perceber melhor cada detalhe, pois você estará usando mais um sentido.

Segundo passo: meditação. Pergunte: "O que o texto me diz?". É o momento de se colocar de forma pessoal diante da Palavra. É hora de "ruminar", saborear a Palavra. "Quão saborosas são para mim vossas palavras! São mais doces que o mel à minha boca" (*Salmos* 118,103). Tudo o que você encontrar na leitura deve agora ser confrontado com sua vida, por meio do Espírito Santo. Não é preciso se deter no texto todo como na leitura, mas naquilo que o Espírito Santo tiver suscitado. Confronte sua vida com a Palavra, deixando-se impregnar pelos sentimentos que o Espírito faz surgir em nós: alegria, confiança, arrependimento, etc.

Terceiro passo: oração. Pergunte: "O que o texto me faz dizer?". A oração brota como fruto da meditação. Os sentimentos nos levam a dar uma resposta a Deus. Naturalmente brotam o louvor, uma súplica, uma oração penitencial, a oferta, a adoração, ou outra coisa que o Espírito suscitar.

Quarto passo: contemplação. Pergunte: "O que a Palavra faz?". É o próprio Deus agindo. É um deliciar-se com a ação de Deus que toma sua oração e leva você ao coração dele. A contemplação não é fruto dos seus esforços, é pura graça de Deus. Como disse Santa Teresa: "Quereis saber se estais adiantado na oração? Olhai se na vossa vida há virtudes". É pelos frutos de conversão que reconhecemos se estamos orando de verdade. "Contemplar não significa procurar a verdade, mas regozijar-se com a verdade encontrada, saboreando toda sua riqueza e profundidade", dizia o Frei Raniero Cantalamessa.

Quinto passo: ação. Este passo nem sempre aparece no método da *lectio divina*, mas ele é importante pelo fato de ser o momento em que se aplica aquilo que foi exercitado. Neste caso em que estamos tratando – o da *lectio divina* como um método de oração que contribui para a meditação e o equilíbrio da vida –, a ação equilibrada resultante desse processo é um dos objetivos. Com esse quinto passo, a pessoa que rezou e meditou agora aplica os benefícios dessa oração em sua vida, isto é, na gestão da própria vida e na gestão de outras pessoas.

Importante: anote em seu caderno os frutos de sua meditação. Esses são, portanto, os cinco passos da *lectio divina*. Ela poderá ser feita individualmente ou em grupo. Cada uma dessas modalidades tem seus benefícios. Individualmente você poderá concentrar-se melhor, e em grupo as riquezas que surgirão serão maiores. Se possível, faça das duas formas, pois elas só trarão crescimento espiritual para sua vida.

A *lectio divina*, ou leitura divina, é um método da oração a partir do texto da Sagrada Escritura. Em linhas gerais, consiste em ler atentamente a palavra de Deus, passando em seguida à sua meditação, contemplação e ao diálogo com Deus. Os monges ocidentais têm na *lectio* o principal elemento da sua espiritualidade, cultivando-a com fidelidade e prioridade.

Armand Veilleux[3] diz que, em nossos dias, de fato, a *lectio divina* é mencionada como uma observância específica, sendo uma forma de leitura diferente de todas as outras e que, acima de tudo, não devemos confundir a verdadeira *lectio divina* com outras formas de simples "leitura espiritual". Esta é uma visão completamente moderna e, como tal, representa um conceito estranho aos Padres do Deserto. O que hoje é chamado *lectio divina* é apresentado como um método de leitura da Escritura e também da leitura dos Padres da Igreja e dos Padres do Monaquismo. Consiste em uma leitura lenta e meditativa do texto, uma leitura feita mais com o coração do que com a mente, como se costuma dizer, sem um objetivo prático, mas simplesmente deixando-se ser impregnado com a Palavra de Deus.

Essa prática tem suas origens enquanto método no século XII e está relacionada ao que tem sido chamado de "teologia

---

3 Cf. VEILLEUX, Armand. «L´Ecriture et les Pères». *Rèvue d'Ascétique et de Mystique*, 47: 183, 1995 (Paris).

monástica". Nesta época, os pré-escolásticos desenvolveram seu método que passava da *lectio* para a *quaestio* (aprofundamento) e daí para a *disputatio* (debate). A reação dos monges foi, então, de desenvolver seu próprio método: *lectio* levando à *meditatio* e daí à *oratio*, sendo que pouco depois acrescentaram a *contemplatio*, que foi então separada da *oratio*. É este, portanto, o método de meditação e oração chamado de *lectio divina*. Além desse, há outros. O mais importante é que haja disposição para meditar e, para isso, é preciso certa preparação prévia. Mas para que a meditação seja fecunda, é necessário buscar o silêncio interior. É necessário ouvir Deus, que fala de muitas maneiras em nossa vida.

Para ilustrar essa busca, reproduzimos aqui a fábula de um monge que diz:

> Quando vou a uma floresta, enquanto vou entrando, o rumor de meus passos e o agitar dos ramos das plantas que afasto para passar fazem os pássaros e outros animais se aquietarem e se esconderem temerosos. A floresta então parece um deserto mudo e imperscrutável. Mas quando me sento e fico silencioso por um bom tempo, aos poucos a floresta começa a mexer-se e a fazer-se ouvir, porque os pássaros e os animais saem confiantes de seu esconderijo. Então ouço seus cantos, seus passos, seus gritos e todos os rumores da floresta (...). Assim é Deus. É preciso fazer um longo e profundo silêncio interior, um silêncio ansioso de ouvir a Deus; então, aos poucos, ele começa a falar suave e amorosamente ao nosso coração, que escuta como discípulo.[4]

A função da meditação é conectar-nos com Deus e isso só será possível se soubermos silenciar os ruídos que estão à nossa

---

4 Cf. HUMMES, Cláudio. *Sempre Discípulos de Cristo: Retiro Espiritual do Papa e da Cúria Romana*. São Paulo: Paulus, 2002, p. 8.

volta para ouvirmos outros tipos de sons: os sons do sagrado. Os sons do sagrado se ouvem no silêncio, na contemplação, na ausência dos falatórios. Jesus já havia ensinado que, para orar ou meditar, não devemos usar muitas palavras. Ele disse: "Nas vossas orações, não multipliqueis as palavras, como fazem os pagãos que julgam que serão ouvidos à força de palavras" (*Mateus* 6,7). Não seremos ouvidos pela quantidade de palavras que falamos, mas pela qualidade da nossa palavra ou até na ausência dela. O que importa é a sintonia.

Portanto, quando quiser meditar, procure um lugar tranquilo. Sente-se de maneira confortável. Não se preocupe com a hora ou com o que vai pensar ou dizer a Deus. Simplesmente coloque-se diante dele. Procure não pensar em nada. Depois, deixe que o pensamento voe para onde o desejo conduzir. Aonde for seu pensamento, é ali que deve focar sua meditação. Repita constantemente esse ritual. Quando você menos esperar, terá se acostumado a meditar. A meditação ajuda a equilibrar emoções e a cultivar a paz interior.

Socialize os conhecimentos

Tudo o que aprendemos não é apenas para nós, mas para todos e, por essa razão, partilhar, servir, tornar comum, ajudar a mudar ou transformar realidades é um processo evolutivo, de desenvolvimento. Vale lembrar que conhecimento é um dos únicos bens que se multiplica à medida que o dividimos.

Assim, não tem sentido ter conhecimentos e não os socializar. Guardar para si conhecimentos adquiridos é como esconder ou enterrar um tesouro. Ele não serve para nada, como mostra a parábola bíblica dos talentos (Mt 25,14-30), que narra sobre o homem que ao viajar para o estrangeiro confia moedas para seus empregados administrarem, de acordo com a capacidade de cada um. A um ele deu cinco, a outro duas e ao terceiro ele deu uma. Diz o texto que aquele que recebeu cinco administrou bem esses talentos, de modo que eles se multiplicaram, e ele foi elogiado pelo patrão. O patrão, por sua vez, confiou-lhe ainda mais. O mesmo ocorreu com o segundo, que tinha recebido dois talentos. Mas o terceiro, que havia recebido um, enterrou o talento e não administrou, isto é, não socializou. Talento enterrado, não partilhado ou socializado, é talento perdido. Esse último, além de ser repreendido pelo patrão, que lhe chamou de incompetente e preguiçoso, perdeu até o pouco que tinha. Se temos talentos, não podemos enterrá-los, é preciso geri-los de modo que eles se multipliquem, e isso acontece à medida que os socializamos. É uma troca mútua. Quando socializamos o nosso conhecimento, também recebemos o conhecimento dos outros. Essa é a dinâmica do desenvolvimento. À medida que partilhamos nossos conhecimentos, possibilitamos que outros aprendam e aprendemos com os outros. Essa troca é fundamental para o avanço e crescimento tanto pessoal quanto intelectual.

Sábia é a pessoa que ensina o que sabe e tem humildade para aprender de outras pessoas o que ainda não aprendeu. Essa socialização de saberes é o que Edgar Morin chamou de *religação dos saberes*.[5] Tudo está relacionado, envolvido, isto é, há uma interdependência das coisas e, consequentemente, dos saberes, tais como o mundo, a terra, a vida, a humanidade, a história, as culturas, entre outros, estando todos interligados.

---

5   MORIN, Edgar. *A Religação dos Saberes – Desafios do Século XXI*. 7. ed. Rio de Janeiro: Bertrand, 2001.

Essa *complexidade*[6] é desafiadora para o conhecimento humano e por isso é preciso socializar conhecimentos das diversas áreas do saber para que se entenda melhor a dinâmica da vida e assim se viva melhor. Desse modo, socializar conhecimento é também uma questão de sobrevivência e não apenas de crescimento pessoal. Saberes ligados, interligados ou conectados são saberes ampliados, pois não existe saber isolado, e isso faz com que encontremos respostas para as mais diversas questões que favoreçam a vida em todos os sentidos.

Socializar conhecimento é partilhar conhecimento e, como já foi dito, conhecimento é uma das coisas que se multiplica quando dividido. Há muitas maneiras de socializar os conhecimentos adquiridos, mas vamos indicar aqui apenas algumas, as mais fáceis de serem colocadas em prática.

Dialogue sobre ideias

Há uma frase atribuída a vários pensadores, mas que, independentemente de sua autoria, contém uma profunda sabedoria. Diz o aforismo que "pessoas sábias falam sobre ideias, pessoas comuns falam sobre coisas ou fatos, e pessoas medíocres falam sobre pessoas". A partir dessa premissa dá para se fazer uma boa avaliação da nossa sabedoria e da sabedoria dos que nos cercam. Em uma rápida análise da realidade, pode-se perceber que: a maioria das pessoas nas suas rodas de conversas fala de outras pessoas; um número restrito concentra suas conversas falando de coisas ou fatos; e um número ainda mais limitado fala de ideias. Esse diagnóstico simplificado, mas de raciocínio lógico, nos dá o retrato da realidade: a maioria das

---

6 Id. *Educação e Complexidade: os Sete Saberes e Outros Ensaios*. São Paulo: Cortez, 2002.

pessoas não têm procedimentos sábios porque nas suas conversas versam predominantemente sobre outras pessoas. Observemos as rodas de pessoas ditas amigas. Qual o assunto predominante? Vamos perceber que elas falam mais de outras pessoas ou de coisas e fatos, mas pouco ou nada de ideias, a não ser que você pertença a um seleto grupo de intelectuais ou de pessoas sábias, os quais existem em todas as camadas e meios sociais e não apenas nos círculos acadêmicos. Aliás, no meio acadêmico existem também muitas pessoas comuns e medíocres, mesmo que, nesse ambiente, o debate de ideias devesse sobressair. Apesar disso, o meio acadêmico ainda é um meio privilegiado para se debater ideias e socializar conhecimentos, prática essa elementar à vida humana e que não deveria ser restrita apenas à academia. A socialização de conhecimento deveria ser parte integrante e fundamental das relações sociais.

Na obra intitulada *Pedagogia do Oprimido*,[7] Paulo Freire busca romper com um sistema de ensino cuja concepção é a de que o aluno nada sabe e o professor sabe tudo. Nesse sistema opressor não há debate de ideias nem socialização do conhecimento, apenas repasse de conteúdo de uma das partes, a dominante, isto é, o professor. Freire mostra na *Pedagogia do Oprimido* que ambos têm a ensinar e a aprender mutuamente, dentro e fora dos sistemas de ensino formais. À medida que ensinamos, aprendemos, e à medida que aprendemos, também ensinamos. Essa socialização do conhecimento, segundo Paulo Freire, ajuda as pessoas a se tornarem seres pensantes, que ampliam seus conhecimentos à medida que os partilham. Daí a importância de se falar sobre ideias para se tornar uma

---

7 Cf. FREIRE, Paulo. *Pedagogia do Oprimido*. 23. reimp. São Paulo: Paz e Terra, 1987.

pessoa sábia. Sábio é aquele que sabe que pode aprender com o outro, mesmo que esse outro lhe pareça pouco sábio.

Quando dialogamos sobre ideias, nossos horizontes se abrem, ampliam-se nossos conhecimentos, pois vemos pontos de vista distintos do nosso e isso nos enriquece intelectualmente. Parafraseando um pensamento de domínio público, diria que ninguém é tão sábio que não tenha mais nada a aprender, e ninguém é tão ignorante que não tenha nada a ensinar.

Socializamos conhecimento quando assistimos a um filme e conversamos sobre ele com outras pessoas; quando lemos um livro e partilhamos do seu conteúdo; quando vamos ao teatro e depois comentamos com outros sobre seu conteúdo; quando fazemos uma viagem e partilhamos nossas impressões e experiências, enfim, quando falamos das ideias que formamos sobre alguma experiência vivida e sobre nossos pontos de vista.

Socializamos conhecimentos quando dialogamos com pessoas que tiveram as mesmas experiências que nós, seja por meio de filmes, livros, teatro, viagens, palestras, aulas ou qualquer outro acontecimento, pois mesmo participando da mesma realidade, essa realidade é sempre vista a partir de pontos de vista distintos e socializá-los ajuda-nos a ampliar a nossa própria percepção sobre o mundo.

Seja tolerante

A intolerância é uma das formas mais latentes de ignorância. Na socialização de conhecimentos não há lugar para ela. Ser tolerante é respeitar procedimentos, opções, condições, ideias e pontos de vista diferentes dos seus. Embora seja mais fácil dialogar com quem pensa igual a nós, nossa inteligência não deve permitir agressividade com os que pensam ou agem de forma diferente da nossa. Quando somos abertos ao diferente e, sobretudo, a ideias diferentes, só temos a ganhar, pois o diferente de mim tem muito mais a me ensinar do que aquele que é igual ou pensa como eu. Estar cercado de pessoas iguais ou que pensam da mesma forma é o mesmo que estar blindado em uma redoma, dentro da qual nada nos atinge e fora da qual nada mais existe. Quão pobre é a pessoa que pensa e age dessa maneira, rechaçando ou agredindo quem é e pensa diferente dela!

Não se ache dono da verdade

Acreditar que seu ponto de vista é a única verdade é o mesmo que assinar um atestado de ignorância. A verdade não tem um único lado. Podemos conhecer apenas uma parte da verdade e, quando a socializamos, damos possibilidade para que a parte da verdade que o outro conhece se abra para nós. Com isso ficamos mais tolerantes, mais inteligentes, fazendo evoluir nosso pensamento. Quem se acha dono da verdade impossibilita o diálogo e a socialização de conhecimentos. Arrogância não é apenas falta de humildade, é limitação da inteligência. Quanto mais sábia for uma pessoa, menos arrogante ela será, pois sábio é aquele que conhece os limites do seu conhecimento, o que nos faz lembrar a máxima do filósofo Sócrates quando disse que *só sabia que nada sabia*. Saber que sabemos pouco ou que nada sabemos já é um bom começo para aprender mais.

Divida espaços

À primeira vista, dividir espaço de trabalho numa empresa parece algo contraproducente, mas não é. Quando as pessoas dividem os mesmos espaços de trabalho numa empresa, amplia-se também a possibilidade de dividir conhecimentos, pois fica mais fácil e mais acessível pedir informação ou ajuda para quem está na mesa ao lado. Se os funcionários estão cada um na sua sala, sem um contato direto, eles estão bloqueados não apenas por paredes, mas por outros fatores que irão dificultar a socialização dos seus conhecimentos.

Isso acontece também em outras instâncias e instituições. Na família, por exemplo, quando todos dividem espaços cria-se um ambiente mais propício para a ampliação do conhecimento e das relações sociais dentro e fora da família. Já imaginou uma família na qual cada um tem o seu espaço, sem partilha de ideias e sem convívio? Seria um ambiente extremamente dificultoso para a ampliação dos conhecimentos e nocivo para os indivíduos. E não estamos longe dessa realidade, pois em nome do conforto e da privacidade, famílias com mais posses querem quartos exclusivos para seus membros, com TVs exclusivas, ferramentas de trabalho e de entretenimentos exclusivas, refeições exclusivas, entre outros procedimentos que dificultam e empobrecem a ampliação dos saberes, sobretudo das relações sociais que são imprescindíveis para a sobrevivência humana. Assim, dividir espaços é uma forma de socializar conhecimento.

Divida conhecimentos

Há quem pense que dividir conhecimento empobrece ou enfraquece seu potencial. Um educador que pensa assim não deveria ser professor, pois sua missão, mais que ensinar, é essencialmente partilhar conhecimento. Um funcionário de uma empresa que não ensina aos outros aquilo que sabe, por medo de perder o seu posto, também empobrece a si e à empresa, pois seus conhecimentos não servem para gerar outros saberes e nem para o desenvolvimento pessoal e empresarial. Assim, socializar conhecimento é fundamental para o processo de construção de novos saberes, e essa construção pressupõe atitudes voltadas àquilo que, em pedagogia, se chama *aprender a aprender*; em filosofia, aprender a pensar ou a questionar; em sociologia, aprender a compartilhar, a dividir, a socializar conhecimentos; em antropologia, "aprender a diversidade intelectual". Saber que existe uma diversidade intelectual e se abrir a ela é uma forma muito eficaz de socializar conhecimento.

Descubra nos exercícios físicos um recurso eficaz para se autogerir

O exercício faz parte do gerenciamento pessoal. De nada adianta gerir bem os negócios, os projetos e empreendimentos se não soubermos cuidar do próprio corpo, pois um corpo gerido inadequadamente desenvolve limitações e até enfermidades que vão atingir diretamente os desempenhos pessoal, social e profissional. E não se trata apenas de exercitar o corpo; é preciso também exercitar a mente, como diz a expressão latina *"mens sana in corpore sano"*, mente sã em corpo são, isto é, um corpo sadio contribui para uma mente sadia. Uma pessoa de corpo saudável mas com uma mente doente pode provocar estragos irreparáveis na própria vida e na dos outros. Daí a necessidade de se exercitar corpo e mente, ou corpo e alma, se quisermos ser ainda mais profundos, pois a referência à alma está ligada à espiritualidade, algo fundamental na vida de todo ser humano e que precisa também ser exercitado, como vimos antes no item em que tratamos da meditação como auxílio à gestão de pessoas.

Quando se trata de exercícios físicos é bom lembrar que antes de qualquer iniciativa mais arrojada é preciso passar por uma avaliação médica. Ninguém deve sair por aí exercitando radicalmente o corpo sem recomendação e acompanhamento de um profissional, pois corre o risco de ter lesões e consequências mais sérias. Por essa razão, antes de qualquer prática mais sistemática de exercício, procure um médico ou um profissional da área.

Sabemos da importância de se exercitar, mas nem todos têm disciplina e quando não se tem disciplina, perde-se a motivação, algo essencial para qualquer iniciativa, inclusive a de ter práticas constantes de algum tipo de exercício físico. Assim, busque ter motivos e motivar a outros para práticas de exercício físico. Penso que os motivadores principais são: ter saúde e um bom desempenho nas atividades relacionais e profissionais. Com ambos, estímulos básicos e essenciais, outros surgirão, bastando apenas começar a se exercitar.

Para um bom desempenho nessas duas áreas (saúde pessoal e profissional) basta se exercitar três vezes por semana, pelo menos meia hora por dia. Como vemos, é pouco tempo e está ao alcance de qualquer um, basta ter disciplina e determinação. Depois que essa prática virar hábito, pode-se ampliar o tempo de exercício, mas para quem é iniciante, trinta minutos, três vezes por semana, já dá bons resultados.

Os exercícios não apenas queimam calorias, mas também ajudam na tonificação dos músculos, na melhora da circulação, das funções cardíacas e pulmonares, além de ajudar a reduzir o estresse e suas consequências, favorecendo a capacidade de concentração e, consequentemente, ajudando no desempenho profissional. Além disso, exercícios regulares ajudam a prevenir a depressão, melhoram a qualidade do sono, previnem hipertensão, colesterol alto, diabetes e ainda melhoram a aparência.

Todos esses elementos estão diretamente relacionados à gestão de pessoas. A pessoa que está bem fisicamente, com uma vida saudável, está bem consigo e com os outros, pode gerir melhor as relações sociais, sobretudo, se ela tem na empresa a responsabilidade direta de gerir pessoas. Mesmo que não se tenha essa responsabilidade, em algum momento, todos nós gerimos relações e pessoas, como, por exemplo, na família, na escola, no trabalho, na igreja, etc. Somos seres de relações e a qualidade delas depende muito da qualidade da nossa saúde. Quem não está bem de saúde terá mais dificuldade de se relacionar com os outros. Daí a necessidade de se exercitar, algo que faz parte das necessidades fisiológicas de todo ser humano. Sem a satisfação dessas necessidades primárias, as outras necessidades saem prejudicadas, como estarão prejudicadas as relações sociais.

Práticas de exercício exigem em primeiro lugar determinação, força de vontade, paciência, sobretudo no início, quando ainda não se tem o hábito. Depois que se torna um hábito, tudo fica mais fácil e tranquilo. No começo arranjamos muitas desculpas, como por exemplo, a do tempo. Quando falta vontade e determinação vamos dizer que não temos tempo. Nós somos gestores do nosso tempo. Por mais compromissos que tenhamos, depende exclusivamente de nós administrarmos bem o tempo e organizar nossos afazeres de modo que tudo seja executado no momento certo, sem prejudicar a qualidade da nossa vida. Dizia Albert Einstein que "falta de tempo é desculpa daqueles que perdem tempo por falta de métodos", ou podemos dizer que falta de tempo é desculpa daqueles que não têm disciplina ou objetivos a serem atingidos. Além dessa desculpa mais comum, há outras que encontramos para justificar nossa indisposição de praticar exercícios físicos, como, por exemplo, a do clima. Hoje não vamos porque está muito frio ou muito calor, está chovendo ou o sol está escaldante. Enfim, se não há força de vontade, as desculpas vão aparecer para justificar para nós mesmos a falta de empenho e interesse.

A melhor maneira de avançar na prática de exercícios é fazer dessa prática um hábito, mas começando aos poucos, pois tudo o que começamos com muito entusiasmo ou euforia tende a esfriar. É o que o senso comum chama de "fogo de palha". É como aquele atleta amador que na largada emprega todas as suas forças, mas logo elas se esvaem e ele desiste antes do término da maratona. Diferentemente do atleta profissional, que na largada não sai com tanta euforia, mas vai aumentando a velocidade à medida que avança na corrida, até chegar à reta final.

Assim, a melhor maneira de se iniciar na prática de exercícios físicos é começar aos poucos, com passos pequenos que vão se firmando e ganhando força com o transcorrer da prática. Podemos dizer que a prática de exercícios físicos é como aprender a andar, ou seja, tem que ser aos poucos, pacientemente, mas com insistência e perseverança. Quando menos se espera, já se está habituado e fazendo progressos nos exercícios.

Vejamos a seguir alguns exercícios simples, mas que ajudam no desempenho da saúde física, mental e profissional. Além desses, há outros que cada um poderá encontrar de acordo com sua realidade, seu biotipo, saúde e porte físico.

Caminhar: a caminhada é um dos exercícios mais indicados para quem está iniciando nas atividades físicas. Ela faz parte dos exercícios aeróbicos e é a modalidade que reúne o maior número de vantagens, além de ser a mais fácil de praticar, exceto se a pessoa tiver limitações físicas severas. Se você é iniciante, comece caminhando um pouco por dia e vá aumentando gradualmente. Conforme o indicado acima, de início caminhe meia hora por dia, três vezes por semana. Depois de certo tempo nesse ritmo, já com o corpo adaptado, vá aumentando o tempo de caminhada, ou os dias da semana, ou ambos. Pequenas caminhadas não precisam de orientação médica, exceto se a pessoa tiver problemas de saúde mais sérios. Porém, se houver a intenção de tornar seus exercícios mais intensos, procure fazer antes uma avaliação médica para saber como anda sua saúde.

Além de ajudar na parte física do corpo, a caminhada ajuda a arejar a mente. Aproveite a caminhada para refletir, ouvir música, orar, observar a sua volta, desfrutar da natureza e das coisas que encontra durante a caminhada, sem interrompê-la. Ao final, tanto o seu corpo como a sua mente estarão exercitados e renovados. Na hora de caminhar, não se esqueça de ter nos pés calçados que sejam confortáveis. Um bom tênis é sempre o mais indicado. O mesmo vale para a vestimenta. Procure usar roupas confortáveis e favoráveis à caminhada, bem como proteção contra o sol.

Correr: a corrida já demanda certo treino e revisão médica e de outros profissionais da educação física e da fisioterapia porque ela exige mais do corpo. É um segundo estágio depois da caminhada e só deve ser feita depois de tais avaliações, pois se a pessoa tiver, por exemplo, algum problema cardiológico, correr pode não ser um exercício indicado, uma vez que ela forçará mais o coração e outros órgãos e partes do corpo. Por essa razão, se você pretende praticar essa modalidade de exercício, que também é muito boa para a saúde, procure antes orientação de profissionais. Para correr a pessoa precisa estar com um bom condicionamento físico. Além disso, é preciso uma boa hidratação já que o exercício consome mais água do corpo, bem como energia e sais minerais. Por isso é recomendado a quem corre uma maior ingestão de água. A corrida é excelente porque mexe com todos os músculos do corpo. Pode-se dizer que a corrida, juntamente com a natação, é um dos exercícios mais completos. Vale lembrar que um bom tênis é fundamental para uma boa corrida. Para ilustrar o valor dos esforços lembro a máxima atribuída a Martin Luther King: "Se não puder voar, corra. Se não puder correr, ande. Se não puder andar, rasteje, mas continue em frente de qualquer jeito". Madre Teresa de Calcutá, hoje santa, disse algo parecido: "Quando não conseguir correr através dos anos, trote. Quando não conseguir trotar, caminhe. Quando não conseguir caminhar, use bengala, mas nunca se detenha".

Andar de bicicleta: além de ser eficiente, econômico e contribuir com o meio ambiente, andar de bicicleta traz inúmeros ganhos para a saúde física. Vou apontar apenas alguns, mas existem muitos outros. Quando pedalamos, liberamos endorfina, responsável pelo bem-estar. Ela contribui para o relaxamento muscular e mental, diminuindo o estresse do dia a dia. Por exemplo, se a pessoa vai de bicicleta ao trabalho, ela agrega várias benesses à sua saúde física e mental. Ao mesmo tempo em que estará se exercitando, estará também dissipando o estresse para enfrentar uma jornada de trabalho. Ela chegará ao trabalho com a sensação de bem-estar e isso favorecerá o seu desempenho profissional e os seus relacionamentos pessoais. Pedalando a pessoa fica mais alegre, disposta e a produtividade no trabalho tende a aumentar. Alguns evitam ir de bicicleta ao trabalho devido ao suor que esse exercício pode provocar. Sendo esse o problema, basta ver a possibilidade de tomar um banho antes de iniciar as atividades. Pedalar também ajuda a modelar o corpo porque tonifica os músculos, contribuindo para perda do volume da barriga e o fortalecimento das pernas. Pedalar é para pessoas de todas as idades, basta um pouco de treino. Porém, se for pedalar em lugar de muito movimento de veículos, exigem-se alguns cuidados e muita atenção. Hoje muitas cidades investem em ciclovias, o que facilita muito esse meio de transporte ou de lazer. Vale lembrar também que andar de bicicleta aumenta a oxigenação dos pulmões, contribuindo para prevenir algumas doenças respiratórias. Andar de bicicleta pode ser ao mesmo tempo exercício físico e lazer, ambos fundamentais para o bem-estar da pessoa.

Nadar: a natação é um dos exercícios mais completos, segundo pesquisadores. Para ter corpo e mente saudáveis, a natação é uma das práticas esportivas mais indicadas. Porém, como qualquer outro esporte ou exercício físico, precisa ser praticada com a orientação de um profissional da área.

A natação permite que os pulmões liberem mais oxigênio no sangue e ao coração, melhorando as condições das células e contribuindo para que os sinais da idade demorem mais a aparecer. Se o mito da "eterna juventude" está no imaginário das pessoas, nadar pode contribuir para esse desejo de rejuvenescimento, sendo mais eficaz que qualquer procedimento cirúrgico, além de agregar outros benefícios à saúde. Uma pessoa que aparenta menos idade tem sua autoestima elevada e esse é outro fator importante na gestão da própria vida, pois pessoas com esse traço vivem com mais qualidade, mais felicidade, além de ajudar as outras a serem também mais felizes.

Porém, para obter bons resultados, não basta nadar de vez em quando. É preciso ter disciplina e regularidade, como qualquer outro exercício. A regularidade e a modalidade da natação dependem da idade e de outros fatores, como, por exemplo, o estado de saúde da pessoa, mas quem deve dizer isso é um profissional. Aqui apenas apontamos os benefícios de se exercitar através desse esporte.

Além de ajudar a melhorar a saúde física e mental, são benefícios da natação: contribuir com a longevidade; trabalhar todo o corpo sem nenhum impacto; amenizar os sintomas da artrite, sobretudo se a natação for feita em água aquecida; aumentar a força e o tônus muscular; tornar o corpo mais flexível; melhorar a saúde do coração, como já foi dito; ajudar a queimar calorias e a controlar o peso; reduzir sintomas de asma e alergias; ajudar a controlar o colesterol; reduzir o risco de diabetes; contribuir para a diminuição do estresse e aumento da autoestima.

Com todos esses benefícios, esse tipo de exercício é altamente recomendado. Portanto, se você quer gerir bem a sua vida e gerir outras pessoas, reserve um tempo para essa prática.

Pular corda: pular corda é um exercício fácil, usado muitas vezes para diversão, mas essa brincadeira traz muitos benefícios para a saúde, como, por exemplo, ajuda a desenvolver a coordenação motora, o equilíbrio e a agilidade; queima calorias, ajudando a emagrecer; contribui na resistência e no condicionamento físico; ajuda na superação de obstáculos; melhora a aptidão cardiovascular; tonifica os músculos; contribui na saúde dos ossos, prevenindo a osteoporose; ajuda a reabilitar certos tipos de lesão, entre outros benefícios. Porém, como já foi lembrado, é sempre importante fazer esse e outros exercícios com a orientação de um profissional, pois, por mais simples e benéfico que ele seja, pode lesionar a pessoa dependendo de sua condição física e de sua saúde.

O exercício de pular corda é simples e não exige muita estrutura ou materiais. Basta uma corda. Ele pode ser feito em qualquer espaço, inclusive dentro do quarto, na sala, etc., mas para ajudar a arejar bem a mente é melhor praticá-lo num espaço livre (parque, bosque, praça, etc.).

É um exercício que pode ser praticado a sós ou com outras pessoas. Quando praticado com outras pessoas ele ajuda nas relações sociais, no entrosamento e, sobretudo, na gestão de pessoas, já que é esse o foco principal dessa abordagem. Com o exercício de pular corda em grupo dá para fazer uma boa dinâmica de avaliação do grau de entrosamento e das habilidades de gestão.

As partes técnica e prática desse exercício, como, por exemplo, o tipo e o tamanho da corda, o tempo e a intensidade do exercício, a roupa e o calçado usados, a postura da cabeça e do corpo durante o exercício, etc., devem ser orientadas por um profissional.

Pilates: o pilates é um método de exercício que surgiu no século passado, criado por Joseph Pilates, que tinha como objetivo unir corpo e mente e exercitá-los conjuntamente, pois nossas ações mantêm estreito vínculo entre essas duas dimensões. Quando há saúde e harmonia entre essas duas instâncias, tudo tende a funcionar melhor. A partir daí já podemos perceber quão benéfico esse exercício pode ser para a gestão, pois quando estamos bem de corpo e mente, estamos mais capacitados a gerir nós mesmos e as outras pessoas. Sendo assim, vamos a alguns benefícios que essa modalidade de exercício proporciona.

Concentração: essa prática ajuda na concentração. Quem sabe se concentrar desempenha com mais eficácia suas ações e obtém mais êxito nas suas atividades, sejam elas mentais ou corporais. Um atleta se não tiver concentração não alcança o pódio, e alguém que vai fazer uma prova, um exame, prestar um concurso, se não tiver concentração, não obtém bons resultados. Desse modo, um dos objetivos desse exercício é auxiliar na concentração. Quem pratica pilates precisa prestar atenção nos movimentos que estão sendo realizados para garantir que estes sejam desenvolvidos com a maior eficácia possível. Esse esforço desenvolverá na pessoa o hábito de prestar mais atenção em outras situações, e isso é de grande valia na gestão de pessoas e de negócios.

Controle e autocontrole: ter controle sobre si e das situações é fundamental na vida de qualquer gestor, independente da área a qual pertença. Porém, quando se trata da gestão de pessoas, ter autocontrole e controle das situações é algo elementar. O pilates ajuda na aquisição dessas capacidades. No referido exercício, isso se dá através do controle do movimento, visando um padrão suave e harmônico das atividades exercidas, sempre se concentrando no exercício proposto, como vimos antes. Assim, a pessoa que se exercita aprimora a coordenação motora e evita contrações musculares desnecessárias, bem como as lesões decorrentes delas. Esse domínio do corpo é coadjuvante no domínio de outras situações. Quem aprende a controlar o corpo, evitando contrações e lesões, aprende a controlar situações e pessoas, evitando desgastes desnecessários, contendas e sofrimentos decorrentes de relações conflituosas.

Precisão: uma pessoa precisa é uma pessoa que vai direto ao ponto que se quer tratar, sem se alongar ou se perder em detalhes.

Na gestão de pessoas é preciso ter essa habilidade, saber dosar as coisas, não perder o foco, enfim, ser preciso. No pilates a precisão é fundamental para a qualidade do movimento e realinhamento postural, pois isso ajuda a controlar o equilíbrio dos diferentes músculos que estão sendo trabalhados no movimento. Ao exercitar o corpo com precisão aprende-se a lidar com as situações e pessoas com mais exatidão.

Centro ou foco: quem é focado nas coisas não perde seu eixo, não desvia do assunto, não se perde pelo árduo caminho da gestão. No pilates esse procedimento é mais conhecido como *power house*. É o foco de todos os exercícios deste método, fazendo com que ele fortaleça a musculatura. O fortalecimento da musculatura proporciona a estabilização do tronco e o seu alinhamento com menor gasto energético proporcionado pelos movimentos. Quando isso é aplicado à gestão de pessoas, temos o fortalecimento das relações, fazendo com que o gestor tenha firmeza, estabilidade e controle das ações e situações geridas, alinhando os procedimentos de modo que todos sejam beneficiados, sem maiores desgastes. Assim, essa prática torna-se um princípio básico, pois sem essa visão centrada e focada tudo se torna mais difícil de ser conduzido.

Respiração: a respiração é essencial para o bom desempenho do corpo e da mente. Tanto é que, em exercícios de relaxamento e concentração, exercitar a respiração é fundamental. Na prática do pilates a pessoa aprende a exercitar a respiração de modo que isso ajude em outras atividades, inclusive na gestão. Há uma recomendação popular que diz para a pessoa em situação de estresse respirar fundo antes de dizer ou fazer algo. Esse exercício faz com que a pessoa elimine todo ou parte do seu estresse e outros sentimentos nocivos que podem fazer com que ela tome uma atitude da qual venha a se arrepender depois ou diga algo que não é conveniente, dificultando ainda mais as relações. Neste sentido, o pilates enfatiza a respiração, entendendo-a como o fator primordial no início do movimento, a qual deve sempre estar sincronizada com a realização deste. Ao ter esse controle harmônico de respiração e movimento, a pessoa vai aprendendo a respirar melhor e a ter mais controle de si, o que gera grandes benefícios na sua vida pessoal e profissional, porque a respiração correta não só é benéfica para a saúde corporal, mas também para a mental.

Fluidez: o pilates, enfim, ajuda a pessoa a se tornar mais leve, fluida em suas ações, o que encanta a todos. Uma pessoa leve, no sentido figurado do termo, é alguém agradável, de companhia aprazível, uma pessoa de quem é bom estar por perto. Nesse sentido, o pilates tem também o objetivo de dar leveza não apenas na prática do exercício em si, através de movimentos controlados e sem impactos, mas também na vida pessoal de quem o pratica. A fluidez que os exercícios ensinam pode muito bem ser aplicada à vida, basta que a pessoa saiba fazer essa transposição, o que vale para todos os itens supracitados.

Massagens: quando se trata de gerir pessoas, se sentir bem é fundamental, e todos os procedimentos que contribuírem para que isso ocorra merecem ser utilizados. Neste sentido, trato aqui, em poucas linhas, da importância e dos benefícios das massagens corporais para a pessoa estar bem consigo e, consequentemente, com os outros.

O estresse é um dos males mais comuns para quem atua na gestão de pessoas. Existem vários tipos e níveis, alguns graves, que interferem na vida profissional da pessoa, impossibilitando-a de trabalhar. Portanto, preveni-los é a melhor atitude de quem se preocupa com a saúde. Por essa razão, recorrer a massagens relaxantes ajuda a combater o estresse e outros males que podem afetar o corpo e a mente e interferir diretamente na vida pessoal e profissional.

Seja qual for o tipo de massagem e a parte do corpo que irá recebê-la, ela ajuda a aliviar tensões e estresse emocional, relaxando os músculos e evitando dores que podem passar de um leve incômodo a algo mais sério. Quando recebemos massagem sentimos imediatamente uma sensação de calma e tranquilidade que são muito importantes na gestão de pessoas.

As massagens ajudam a diminuir diversos tipos de dores, como, por exemplo, dores musculares, dores de cabeça, entre outras, melhorando a circulação do sangue e fazendo com que o oxigênio chegue mais rápido às áreas necessitadas do corpo. Além disso, há comprovação de que as massagens ajudam a reduzir certos tipos de inflamação. Outro benefício das massagens é proporcionar maior elasticidade à pele, tornando-a mais macia e suave, retardando o envelhecimento. O couro cabeludo, quando massageado com certa delicadeza e regularidade, tem sua circulação sanguínea ativada, fortalecendo as raízes dos fios de cabelo e evitando sua queda. Além disso, a massagem na cabeça alivia certos tipos de dores, sobretudo se forem causadas por tensões. As massagens na barriga, por exemplo, atuam no sistema digestivo, aumentando as secreções gástricas, melhorando problemas estomacais e intestinais, evitando, por exemplo, a concentração de gases que causam desconfortos. Além disso, as massagens ajudam a fortalecer o sistema imunológico, fazendo com que o sangue circule mais livremente em nosso organismo, o que ajuda na desintoxicação do corpo e na prevenção de doenças.

No entanto, vale ressaltar que a massagem deve ser realizada por pessoas capacitadas, profissionais da área, que saibam utilizar técnicas adequadas, evitando causar dores e outros incômodos posteriores.

Além disso, para que a massagem seja mais eficaz, é importante escolher bem a região do corpo e estar na postura correta. As partes que mais necessitam de massagens são as regiões do pescoço, costas, cintura e pés. Esses e outros procedimentos técnicos devem ser indicados pelo profissional a fim de obter melhores resultados. O mais importante é saber sobre os seus benefícios e como podem contribuir para o corpo e a mente do cliente, ajudando-o no seu bem-estar.

Coloco aqui um resumo dos principais benefícios da massagem: controle do estresse; diminuição da ansiedade; alívio de tensão e dores musculares; melhora da circulação sanguínea, da elasticidade da pele e do sistema imune; diminuição da pressão arterial no caso de pacientes hipertensos; alívio das dores de cabeça; diminuição do cansaço; estimulação e equilíbrio do sistema intestinal; eliminação de toxinas e resíduos metabólicos; diminuição das insônias; combate à depressão, promovendo a sensação de bem-estar; redução da ansiedade; combate ao estresse, entre outros benefícios físicos e mentais que contribuem para melhorar a qualidade de vida.

Prática de outros esportes: foram exemplificadas anteriormente algumas modalidades de exercícios físicos que ajudam na gestão da vida pessoal, no quesito "bem-estar", pois elas ajudam a viver melhor. Existem muitos outros tipos de exercícios, sejam esportivos ou apenas para exercitar o corpo ou a mente, ou ambos. Procure algum que seja do seu agrado ou que você tenha possibilidade de realizar de modo organizado e sequencial, com disciplina, e ele lhe será muito benéfico. Porém, qualquer exercício, como já foi lembrado, deve contar com a orientação de um profissional da área, pois dependendo do seu condicionamento físico, a pessoa pode se lesionar sem as instruções adequadas. Médicos, fisioterapeutas, professores de Educação Física, entre outros, são profissionais que ajudam as pessoas a se exercitarem com qualidade e segurança, indicando a melhor forma para cada um. Procure a modalidade que lhe é mais compatível e, antes de começar, consulte um profissional para obter as devidas orientações. Assim você terá muitos benefícios para sua vida e para a vida dos que você tem a responsabilidade de gerir.

Seja perseverante nos empreendimentos

Conquistas exigem perseverança. Nem sempre os que vencem são os melhores ou mais capacitados. A pessoa pode estar capacitada, mas se ela não for perseverante não alcançará seus objetivos, pois toda meta exige uma combinação de fatores, os quais dependem dessa qualidade.

Perseverança é sinônimo de persistência, insistência, constância, firmeza, obstinação, teimosia, tenacidade, entre outros procedimentos correlatos. O perseverante foca na meta a ser atingida e não permite que aquilo ou aqueles que estão à sua volta interfiram de modo negativo na sua busca incessante. É preciso fechar os olhos e tapar os ouvidos aos que tentam lhe esmorecer nessa busca, como ilustra a fábula do *sapinho surdo*.

Diz a história, de autor desconhecido, que havia uma corrida de sapinhos. O objetivo era atingir o alto de uma grande torre. Havia no local uma multidão assistindo, muita gente para vibrar e torcer por eles. Quando a competição começou, infelizmente, uma onda de negativismo pairou sobre a multidão que dizia: "Que pena! Esses sapinhos não vão conseguir!". E os sapinhos começaram a desistir. Entretanto, havia um, aparentemente mais frágil que os outros, que persistia e continuava a subida, em busca do topo. A multidão continuava gritando: "Que pena! Vocês não vão conseguir!". E os sapinhos estavam mesmo desistindo, um por um, menos aquele sapinho frágil que continuava tranquilo, perseverante, embora cada vez mais arfante. Já ao final da competição, quase todos os sapinhos desistiram de atingir a meta, menos ele, o sapinho aparentemente frágil. E a curiosidade tomou conta de todos, que queriam saber o que tinha acontecido. E assim, quando foram perguntar ao sapinho como ele havia conseguido concluir a prova, descobriram que ele era surdo!

Moral da fábula: não permita que pessoas com o péssimo hábito de serem negativas lhe desmotivem e lhe façam desistir. Não permita que obstáculos, provações ou dificuldades lhe impeçam de atingir os objetivos desejados. Se tiver que ouvir quem está à sua volta, ouça os que lhe motivam, os que lhe incentivam a continuar apesar das dificuldades, os que conseguem enxergar mais os seus pontos fortes que os seus pontos fracos. Ser perseverante é uma das mais importantes qualidades dos vencedores.

Persistência: traçar metas, ter objetivos a serem alcançados, é parte da vida de toda pessoa empreendedora que não se acomoda em águas rasas, mas que sabe gerir todas as situações e pessoas de modo que elas sejam parceiras, colaboradoras, meios para se atingir determinado fim. Muitos desistem apenas ao ver as dificuldades da prova. Quantos são os que pensam em fazer um concurso público, mas ao lerem o seu edital desistem de concorrer porque se acham incapazes de serem aprovados. Outros têm vontade de competir numa determinada modalidade de esporte, mas não competem porque se sentem despreparados ou incapacitados diante do suposto nível técnico dos outros candidatos. Porém, não custa nada tentar, já que se você não tentar, não fizer a prova, não der o primeiro passo na busca dos seus objetivos, nunca terá a chance de obter aquilo que deseja. Essa recomendação vale para tudo na vida, desde os sonhos e projetos mais ousados ou sofisticados, até os mais simples e corriqueiros. Não subestime a sua capacidade ou a sua sorte, arrisque-se. De nada adianta querer ganhar na loteria se você nunca faz uma aposta! É buscando que se encontra, é batendo que as portas se abrem, é insistindo e não desistindo que se consegue aquilo que se almeja.

Acreditar na força interior: diz uma expressão popular que "se a semente da vida se romper por uma força exterior ela pode morrer, mas se romper pela força interior, a vida floresce". E uma passagem bíblica diz: "Se o grão de trigo não cai na terra e não morre, fica sozinho. Mas se morre produz muito fruto" (cf. *João* 12,24). Às vezes é preciso abrir mão de muitas coisas para obter outras mais relevantes. Um projeto que deu errado, um suposto fracasso ou reprovação não significam que você é uma pessoa derrotada em definitivo. A sabedoria popular diz que na vida "quando uma porta se fecha, uma janela se abre". Nunca desacredite da existência de sua força e capacidade, mesmo na derrota, pois muitas das grandes mudanças na vida começam de dentro para fora e se fortalecem nos contratempos e nas perdas. Muitas vezes é preciso recuar para avançar ou para impulsionar o avanço. É assim com as ondas do mar e também com nossas buscas. E essa força adquirida no recuo, no obstáculo ou na derrota, vem de dentro para fora. Se não vier de dentro, do mais fundo da alma, não impulsiona porque não é vocação. E se seus empreendimentos, projetos e metas não forem por vocação, dificilmente eles vingarão, pois não terão a força motriz interior que desencadeará todo o processo de busca e conquista. Tudo na vida precisa vir de dentro do nosso ser para que cresça e multiplique. Somente assim nós nos sentiremos realizados naquilo que somos e fazemos.

Portanto, não meça esforços para realizar seus sonhos, desejos e projetos, porque são eles que dão sentido à sua vida. Eles podem parecer estranhos e absurdos para os outros, mas se te faz bem, é isso que importa. Quem busca fazer as vontades alheias ou aquilo que é convencional para a sociedade, pode até representar um belo papel, mas será sempre uma pessoa irrealizada e, consequentemente, infeliz. Somente você pode dar asas aos seus sonhos, mais ninguém. Os outros podem até ajudar, mas depende de você buscar e realizar aquilo que deseja. Não dê tanta importância ao que as pessoas pensam e dizem de você e dos seus empreendimentos. Se importe em estar bem e em ser feliz, pois isso ninguém pode fazer por você.

Se errar, tente de novo. O bom da vida é a possibilidade constante de recomeçar, principalmente quando sabemos que há pessoas que nos apoiam. Mas, mesmo quando não existem pessoas apoiando ou não conseguimos enxergá-las, devemos lembrar que dentro de nós há uma força incomensurável, capaz de vencer todos os obstáculos. Como foi visto antes, basta acreditarmos, buscarmos e sermos perseverantes e persistentes.

Assim sendo, não desista nas primeiras tentativas. Siga em frente, procure escutar a voz que diz: "Você é capaz, não desista". Já dissemos que somente fracassa quem desiste. Não desista por medo, nervosismo ou por achar que é incapaz, mas, sobretudo, não desista porque os outros acham que você é incapaz. Já dissemos também que se você não acreditar em si, dificilmente os outros irão lhe dar crédito. Devemos acreditar em nós mesmos, pois, quando acreditamos que somos capazes, conquistamos o que desejamos.

Quem acredita em si não desiste facilmente, mesmo que haja sucessivas derrotas, pois sabe que a sua hora virá. Quem acredita em si próprio encontra força para recompor-se nos momentos de fracassos e superar os obstáculos. Essa força existe dentro de cada um, porém nem todos sabem onde ela está ou não sabem como e quando usá-la. A essa força dá-se o nome de resiliência, que é a capacidade do indivíduo de lidar com problemas, superar obstáculos ou resistir à pressão de situações adversas. Quem descobriu essa força, descobriu uma grande aliada para sua vida.

Porém, o mais importante é saber que ela existe e que podemos fazer uso dela, não obstante as forças negativas exteriores ou interiores que às vezes tentam nos inibir ou coibir de sermos fortes. Descubra a resiliência que há em você e com isso superará muitos obstáculos, pois ela nos capacita e nos fortalece para lidar com situações e barreiras que parecem intransponíveis.

Não desista com facilidade das coisas e metas que deseja alcançar. Tente quantas vezes for preciso; não desista nos primeiros obstáculos ou diante das supostas derrotas ou fracassos. Todas as pessoas vencedoras já fracassaram um dia, a diferença é que elas não desistiram, acreditaram na sua força interior. A maioria das pessoas que obteve vitória em algo só conseguiu depois de sucessivas derrotas e fracassos. Se as coisas não estão dando certo agora, confie que em algum momento elas darão. O mais importante é ser perseverante, firme, não abandonar o barco só porque o tempo no momento é tempestuoso. Toda tempestade passa! Se você não tentar, não insistir, não terá a chance de ganhar, de obter a vitória. A pior derrota é a de quem nunca tentou. Fracassar nas tentativas faz parte do processo. Você não é a primeira e nem será a última pessoa a não conseguir o que deseja na primeira tentativa. O mais importante é seguir adiante. Cada derrota e cada reprovação na caminhada até nosso objetivo, na realidade, não são fracassos. Em cada erro ganhamos experiência e assim vamos aperfeiçoando nossa busca. Vá adiante! Tudo vai dar certo. Confie. Se não foi hoje que deu certo, pode ser amanhã, ou depois de amanhã. Enquanto houver amanhã, há uma chance de recomeçar. A maior vitória você já obteve, a de estar vivo, lendo este livro. As outras? Bom, as outras são só uma questão de tempo. Quem venceu a maior batalha da vida para estar neste mundo não vencerá essas batalhas que você vem travando, tão pequenas se comparadas àquela? Pense nisso e não desista jamais!

Os benefícios de uma boa alimentação na autogestão

Uma autogestão qualificada conta também com a gestão da alimentação. Somos o que comemos, diz uma expressão popular. Já é comprovado que a qualidade da saúde e da vida depende em grande parte da alimentação. Quando sabemos gerir o que comemos, ganhamos saúde e qualidade de vida. Quem não consegue controlar os alimentos que come terá dificuldade não apenas de digeri-los, mas de manter uma vida saudável, essencial para todas as outras ações e gestões que desenvolvemos. Desse modo, alimentar-se com qualidade, selecionando os alimentos de maneira equilibrada, fará com que a pessoa tenha mais facilidade de enfrentar e gerir as empreitadas da vida. Mas, afinal, o que é alimentar-se com qualidade? Quem pode responder isso com mais propriedade são os profissionais de nutrição. Apesar de qualquer pessoa com o mínimo de instrução saber discernir o que é e o que não é bom para a sua saúde, o auxílio de um profissional é sempre importante.

Uma boa alimentação não é privilégio de alguns. A maioria das pessoas tem condições de ter uma alimentação balanceada, mas não faz isso por descuido ou acomodação. A praticidade dos produtos embutidos, processados e enlatados faz com que boa parte das pessoas opte por eles, por gerarem menos trabalho do que os alimentos naturais e frescos. Esse costume faz com que a saúde seja diretamente afetada e para combater as consequências disso vem a medicação, ou ainda pior, a automedicação, com medicamentos alopáticos, cujos efeitos colaterais podem desencadear outros problemas de saúde. Não é preciso muito para se alimentar de modo saudável, basta um pouco de cuidado e atenção. Desse modo, seguem algumas dicas que ajudam a gerir melhor aquilo que se consome.

Prefira condimentos naturais. Os condimentos naturais, além de dar mais sabor aos alimentos, são muito mais saudáveis. Por exemplo, em vez de temperar os alimentos com alho processado, vendido em potes nos supermercados, use alho natural; substitua o popular "caldo de carne", em tabletes, por caldo de carne natural, extraído da própria carne; se não é possível ter uma pequena horta no quintal com temperos naturais, plante-os em vasos e tenha-os ao alcance das mãos. Se isso não for possível, adquira-os nos supermercados e outros pontos de venda, mas não os troque por temperos processados, que geralmente têm altas doses de produtos químicos. O mesmo vale para o sal. Use-o moderadamente e evite aqueles tipos de temperos que se dizem completos, já com o sal incluído.

Evite alimentos processados e enlatados. Embora sejam mais práticos, a qualidade deles é duvidosa e já é comprovado que não fazem bem à saúde. Prefira comida fresca. Os mesmos alimentos que se encontram em latas e embutidos, também se encontram *in natura*, basta procurar. Dá um pouco mais de trabalho, mas a saúde agradece.

Exclua refrigerantes da sua mesa. Os refrigerantes são extremamente nocivos à saúde. Alguns mais que outros, mas todos, indistintamente, não contribuem para uma alimentação saudável. Além de conter altas doses de açúcares ou produtos químicos ainda mais nocivos, como os que são adicionados nos refrigerantes classificados como "zero açúcar", eles agridem o organismo e podem até provocar câncer, como alertam alguns médicos. Opte por sucos naturais, que podem ser feitos de frutas, ervas, legumes e tubérculos, como, por exemplo, a hortelã, a erva-cidreira, o tomate, a couve, o gengibre, etc. Chás naturais gelados também podem muito bem substituir os refrigerantes e são muito mais saudáveis. Sucos mistos de frutas e ervas são bastante benéficos, basta consumi-los adequada e moderadamente. Assim, em vez de estocar refrigerantes na sua geladeira, abasteça-a com frutas, verduras e ervas aromáticas.

Consuma frutas, verduras e legumes diariamente. O consumo desses produtos ajuda no bom funcionamento do organismo e na qualidade da saúde. De preferência, consuma esses produtos orgânicos, mas se isso não for possível, consuma-os da mesma forma, mas sempre com os devidos cuidados de higienização para extrair deles o máximo possível de resíduos de agrotóxicos, fungos e bactérias que possam conter. Se eles forem orgânicos, as cascas também poderão ser consumidas, pois elas contêm muitos nutrientes benéficos à saúde. O consumo da casca de muitas frutas e legumes é recomendado por nutricionistas.

Não exagere nos carboidratos. Os carboidratos são necessários ao organismo, mas precisam ser dosados e equilibrados. Toda energia em excesso no organismo pode ter consequências e complicações. Saber quando, como e quanto consumir, de acordo com o seu organismo, é importante, e quem pode orientar esta dieta é um profissional de saúde (nutricionista ou médico endocrinologista). Boa parte da gordura de uma pessoa é derivada do consumo em excesso de carboidratos, e isso pode trazer consequências desagradáveis e enfermidades.

Prefira carnes brancas, peixes e ovos. O consumo de carne é importante, mas sem exageros. Prefira as brancas, como, por exemplo, a carne de frango. Peixes e ovos são também altamente recomendados na alimentação saudável. Depois do leite materno, o ovo é o alimento mais completo que existe.

Insira castanhas na alimentação. As oleaginosas são muito benéficas para a saúde. Elas são fonte de gorduras boas, as monoinsaturadas e as poli-insaturadas, que protegem o coração e tem um efeito anti-inflamatório. Castanha-do-pará, nozes, castanha-de-caju, amêndoas e até mesmo o amendoim são altamente benéficos e facilmente encontrados. Procure ingeri-las *in natura* e sem sal e, como qualquer alimento, evite o excesso no consumo.

Cuidado com o consumo de açúcar e gordura. O açúcar é outro ingrediente que precisa ser usado com cautela. Evitar o consumo em excesso de doces e produtos que contêm açúcar não faz mal a ninguém. Há quem nem possa consumir açúcar, como as pessoas com certos tipos de diabetes ou problemas relacionados ao excesso de glicose. Consulte um médico e veja como você deve se relacionar com esse produto. O mesmo alerta vale para as gorduras. Saber dosar esses dois produtos na alimentação é de suma importância para a saúde. Vale lembrar que há produtos e nutrientes que não são diretamente açúcares e gorduras, mas que no organismo se transformam neles. Saber quais são e administrá-los corretamente é importante. Consuma as gorduras boas, as chamadas monoinsaturadas e as poli-insaturadas, presentes, por exemplo, nas castanhas, como foi citado. Elas podem ser também encontradas no abacate, no azeite extravirgem e no óleo de coco, entre outros, e ajudam a diminuir o colesterol ruim (LDL) e aumentar o colesterol bom (HDL), trazendo maior saciedade e ajudando no processo de emagrecimento. Além disso, são fontes antioxidantes.

Beba água com regularidade. A água é muito importante no organismo. Procure tomá-la com regularidade, mesmo no inverno. Cuide com a qualidade da água, optando pela mineral e filtrada. Caso viva em regiões de difícil acesso à água potável, ferva a água antes de beber. Isso vale para todas as idades. As pessoas com mais idade não sentem muita sede, mas isso não quer dizer que o organismo não precise de água. Ter esse cuidado também é importante para manter uma vida saudável.

 Essas são algumas indicações básicas de uma alimentação saudável que ajudam na gestão e na digestão pessoal, fazendo com que a pessoa fique bem e lide com mais eficácia com as outras categorias de gestão que a cercam.

Saiba visualizar metas

A visualização das metas é um passo importante na autogestão. Sem ela dificilmente conseguimos galgar o que desejamos. Desse modo, indico aqui alguns procedimentos para realizá-la e chegar ao passo seguinte: a concretização dos objetivos. O primeiro procedimento é a definição da meta. Quando a definimos, o resto fica mais fácil. No entanto, essa definição não é suficiente, é preciso esforços para atingi-la. É como um alpinista que tem como meta o cume de uma montanha. Ele sabe onde quer chegar, mas sabe também que para chegar lá precisa se desdobrar em esforços, que vão desde a escolha das ferramentas adequadas até o condicionamento físico para escalar a montanha. Assim sendo, saber onde se quer chegar é um passo importante, mas os demais passos e procedimentos também o são. Se você é daqueles que têm dificuldade de visualizar metas, procure se educar para isso, fazendo uma acurada revisão de vida e refletindo sobre o próprio sentido dela, pois o que ajuda a dar sentido à existência e aos esforços que fazemos são as metas que queremos atingir.

Nesse sentido, uma das primeiras recomendações que deixo aqui é para que essa meta seja registrada e um plano de ações para alcançá-la seja elaborado. A esse procedimento damos o nome de planejamento. O planejamento pessoal é tão importante quanto o planejamento corporativo. Quem faz ou ajuda a fazer planejamentos na empresa deveria, antes, saber planejar a própria vida. Como é possível confiar em um profissional se ele não consegue planejar a própria vida? A vida pessoal deve ser vista como um grande empreendimento, e de fato ela o é, mesmo que muitos não consigam perceber que as empresas existem para a vida e não a vida para as empresas. Trabalhamos para viver e não vivemos para trabalhar. Quando se perde esse foco nos empreendimentos, colocamos as coisas antes das pessoas, e colocamos a empresa, os trabalhos, isto é, a profissão, antes da vida, o que não faz o menor sentido. De que me serve ter uma empresa em franco desenvolvimento se a empresa da minha vida está indo à falência? Morremos e não levamos nada daquilo que conquistamos. Por essa razão, o cuidado pessoal, o cuidado com a vida é fundamental, primordial. Nunca sacrifique o lazer e os cuidados pessoais de saúde e bem-estar pelo trabalho. O trabalho é para dignificar a vida. Se isso não estiver acontecendo, repense sua forma de trabalhar.

Outra recomendação é cultivar a paciência, porque você vai precisar de tempo e dedicação para alcançar as metas traçadas. Além da paciência, é necessária a técnica correta, pois não basta ser uma espécie de "Jó" e não ter as ferramentas adequadas para atingir as metas. Dessa forma, é preciso saber o que se deseja alcançar, planejar e estudar as estratégias para conseguir, sendo perseverante neste empreendimento. Há um dito popular que expressa bem o que estou tratando aqui: "Quem não sabe o que procura, não percebe quando encontra". Saber o que se quer é o primeiro e mais importante passo, depois vêm os outros passos e procedimentos. A clareza das metas desencadeia na mente as motivações para a busca, as quais se transformam em esforços. Há uma passagem bíblica que diz: "Peçam, e lhes será dado! Procurem, e encontrarão! Pois todo aquele que pede, recebe; quem procura, acha; e a quem bate, a porta será aberta" (Mt 7,7-8). A perseverança ou persistência é importante para obter o que buscamos.

Quando visualizamos as metas que queremos atingir, nossa mente entende o que desejamos e desencadeia a motivação, elemento essencial para os empreendimentos de busca. Uma pessoa desmotivada não chega a lugar algum e não alcança meta alguma, além de atrapalhar os outros já que, assim como a motivação, a desmotivação também é contagiante. Se estamos motivados, naturalmente motivamos os que estão à nossa volta, e juntos somamos mais forças para alcançar as metas que, mesmo sendo pessoais, envolvem outras pessoas.

Meta visualizada, estratégias traçadas e pessoas motivadas constituem o caminho certo para alcançar o que se deseja, seja qual for o desejo ou a meta. Depois disso vem o comprometimento para fazer as coisas acontecerem, dando um passo de cada vez e partilhando as conquistas com os que estão juntos nessa busca. Porém, não se esqueça: durante a jornada de busca, aproveite bem o processo, desfrute, faça dessa busca um caminho prazeroso e não uma *via crucis*. O prazer de viver não se encontra apenas quando se alcança a meta traçada, mas também no trajeto em busca dessa meta. Se não vale a pena percorrer o caminho, a meta não é digna de ser alcançada.

Aprimore alguns princípios básicos de autogestão

A filosofia *Tolteca*[8] traz *quatro princípios*[9] básicos para a gestão da vida pessoal que têm reflexo direto nas relações sociais e fazem a diferença na vida do indivíduo que as vive e na das pessoas que com ele convivem. Com base nestes princípios

---
8 Cf. Povo pré-colombiano que dominou o altiplano central do México do século X ao século XII.
9 Cf. Princípios com base na obra de RUIZ, Don Miguel. *Os Quatro Compromissos: o Livro da Filosofia Tolteca – Um Guia Prático para a Liberdade Pessoal*. Ed. rev. Rio de Janeiro: Best Seller, 2005. Veremos sobre essa filosofia mais adiante, em um tópico separado.

formulo aqui uma reflexão sobre a autogestão, mostrando que esses princípios milenares continuam elementares para quem quer regular bem a própria vida e, assim, administrar bem uma equipe de trabalho ou uma comunidade, seja ela social ou religiosa.

Seja impecável com as palavras

Em outras palavras essa expressão quer dizer: cuidado com as palavras! A palavra é como uma flecha, depois de atirada não volta, isto é, depois de dita não há como desdizer. Uma palavra *mal dita* pode tornar maldita a vida de alguém, pode lhe causar muitos tormentos e transtornos. Por essa razão, cuidar das palavras, pensando antes de dizer, é muito importante para as relações pessoais e sociais. Se você se arrepender do que disse, não ficará bem consigo mesmo e isso lhe causará desconforto e aborrecimentos mentais. Além disso, pode também causar aborrecimentos reais, dificultando relações, pois as palavras tanto podem acalentar como machucar. Neste sentido, a expressão "seja impecável com as palavras" significa não pecar pela palavra ou com as palavras, isto é, que as palavras sejam sem manchas e não sejam causa delas. Pecado é tudo aquilo que mancha, agride ou fere a si ou a outrem. A palavra pode edificar ou destruir, pode fazer reviver ou até matar. Há um provérbio que diz: "Há três coisas que não voltam atrás: a palavra proferida, a flecha atirada e a oportunidade perdida". Quando dizemos algo a alguém, mas depois nos arrependemos, esse arrependimento gera certo desconforto, um sentimento que chega a ser doloroso, pois nem sempre é possível a reparação do dano causado pela palavra proferida. Por vezes, mesmo havendo reparação, a palavra dita pode continuar a causar mal-estar em quem disse e em quem foi atingido por ela. Por essa razão, cuidar das palavras é um dos procedimentos mais elementares de autogestão, pois a autogestão é um sinônimo de autocontrole e de domínio de si próprio, inclusive das coisas que se diz. Siga a máxima atribuída a alguns pensadores: "O sábio nunca diz tudo o que pensa, mas pensa sempre tudo o que diz", ou seja, pense antes de falar, mas não fale tudo o que pensar. Certa vez vi a seguinte postagem em uma rede social: "Vocês estão chateados pelo que eu disse? Imagino como ficariam se soubessem o que eu penso". Podemos e devemos pensar tudo, mas é preciso filtrar aquilo que vamos dizer. Isso é ser prudente e impecável com as palavras. Saber usar as palavras é fundamental na gestão de pessoas já que esta se dá fundamentalmente pela palavra.

Nesse sentido, ser impecável com as palavras é ser sábio e prudente, evitando fofocas ou difamar as pessoas. Diga das pessoas somente aquilo que você gostaria que dissessem de você. Isso não quer dizer que você, como gestor, não vá corrigir as pessoas, mas existem muitas formas de correção. A correção fraterna é a mais indicada. Nela se usam palavras que contemplam a caridade para com a outra pessoa, mesmo ela estando errada. Erros, muitas vezes, não são propositais, são acidentais. E mesmo se forem propositais, eles precisam ser sanados ou corrigidos fraternalmente, com palavras edificantes. Somente assim eles serão resolvidos e a pessoa se corrigirá de fato. Palavras têm poder, use-o para construir e não destruir.

Não leve nada para o lado pessoal

Se na gestão de pessoas levássemos em conta essa máxima, muitos problemas seriam evitados ou solucionados com mais facilidade. A maioria – para não dizer todos – dos problemas de relações sociais são problemas pessoais que afetam o grupo.

Ou seja, um indivíduo projeta no outro ou no grupo problemas pessoais e acaba gerando mal-estar e desentendimentos. Quando estiver diante de uma dificuldade de relação pessoal, pense: "Nada que o outro diz ou faz é por causa de mim. O que os outros dizem ou fazem é uma projeção da realidade deles". Se você tiver isso como referência, ficará mais fácil solucionar os impasses da gestão e das relações. A gestão de pessoas se torna "indigesta" se o gestor levar tudo para o lado pessoal. Se no processo de gestão você conseguir ficar imune às opiniões e ações dos outros, você não se tornará vítima de sofrimentos desnecessários, que poderiam ser evitados se você não os levasse para o lado pessoal. Quando alguém lhe diz "você é uma pessoa incompetente" ou algo igualmente depreciativo, ela está projetando em você algo que é dela, pois é comum as pessoas projetarem nas outras os seus problemas ou limitações pessoais. Mas para gerir bem isso é preciso que você tenha autoconfiança e autoestima, senão o problema do outro passa a ser um problema seu, sobretudo no tocante às relações pessoais com aquela pessoa. Quando alguém lhe agride com palavras, não está falando de você, mas dele mesmo. Ele está revelando quem ele é e não quem é você. Se você levar para o lado pessoal é sinal de que concorda com aquilo que foi dito. Se você não concordar, basta ignorar, relevar, desconsiderar, não levar adiante a ofensa. Esse é um conselho cristão que propõe não responder à violência, mas quebrar o seu ciclo com um gesto de paz e resignação (Mt 5,38-41). Não levar em conta as projeções dos outros faz com que a sua vida fique mais leve para ser gerida e ganhe muita qualidade. Na gestão pessoal ou de outros não se pode deixar que os venenos alheios lhe atinjam pois isso só trará mais problemas.

Não tire conclusões precipitadas

Uma tendência dos que agem conforme o senso comum é tirar conclusões precipitadas das pessoas e situações. Há quem mal tenha visto uma pessoa e já lhe aplique um rótulo, dizendo: "Dificilmente eu me engano". Você pode até ter facilidade para identificar pessoas e situações, mas não é um procedimento correto classificar as pessoas ou situações apenas por ouvir dizer ou por contatos superficiais. No campo da gestão, esse procedimento amador deve ser abolido definitivamente, mesmo que o seu instinto apresse em julgar e tirar conclusões rápidas. Para quem está na gestão de pessoas esse procedimento revela amadorismo profissional, para não dizer imaturidade intelectual. As conclusões precipitadas quase sempre trazem resultados equivocados. Conclusões precipitadas fazem com que as pessoas façam julgamentos errados e, consequentemente, condenações à revelia, criando problemas. Um bom gestor de pessoas evita conclusões precipitadas e evita fazer julgamentos, sobretudo quando não se tem certeza dos fatos e situações. Além disso, esse não é um procedimento sábio, pois pessoas sábias submetem os fatos a análises acuradas e criteriosas, resultado de um longo processo de observação e estudo das situações e emoções. Para evitar conclusões precipitadas ou fazer pressuposições, dialogue e procure fazer perguntas, buscando expressar com clareza o que realmente deseja. Ninguém tem obrigação ou poder de adivinhar o que os seus gestores querem. Se não formos claros com as pessoas, teremos mais dificuldade de obter resultados exatos. Desse modo, a comunicação do gestor deve ser a mais clara e objetiva possível, sem que seja grosseira ou insensível. Lembra-se: você está lidando com outro ser humano, que tem sensibilidades iguais ou maiores que as suas. Uma palavra ou procedimento que para você pode ser natural, para outra pessoa pode ser deselegante ou até agressivo. Essas situações envolvem não apenas aspectos psicológicos, mas sociológicos e antropológicos. Dentro de determinada cultura, um procedimento, ação ou reação pode ser considerado normal, mas em outra não. Por essa razão, um bom diálogo elude mal-entendidos, dramas e tristezas que poderiam ser evitados se não tirássemos conclusões precipitadas dos relacionamentos. Até mesmo uma brincadeira, no intuito de descontrair, pode soar agressiva se ela atingir os pontos fracos de uma pessoa ou suas sensibilidades. Conhecer mais as pessoas ajuda um gestor a evitar conclusões imaturas. Se o gestor aplicar esse princípio na sua ação, muitos problemas serão evitados e mudanças significativas ocorrerão na sua vida pessoal e profissional.

Dê o melhor de si naquilo que faz

Por fim, dê o melhor de si em tudo o que fizer. Não faça as coisas pela metade ou apenas por obrigação, faça com empenho, afinco e amor. Um qualificado gestor de pessoas sabe desse princípio e busca aplicá-lo todos os dias e em todas as suas ações, sobretudo quando se trata de gerir a si e os outros. Dar o melhor não significa se superar a cada dia, até se tornar um super-homem ou uma supermulher, mas buscar fazer o melhor possível para aquele dia. Há dias em que o nosso melhor não é a excelência, mas se esforçar para tal é uma ação altamente recomendada, sobretudo para quem lida com público. A primeira pessoa que você lida quando acorda é com você mesmo. Se cuide para poder cuidar bem dos outros. Se você não está bem hoje, o seu melhor de hoje pode ser inferior ao seu melhor de ontem, mas o que importa é que você se esforçou para dar o melhor que podia neste dia, não obstante as variações físicas, psicológicas ou quaisquer outras que possam influenciar no seu desempenho como profissional. Se em qualquer momento você simplesmente fizer o seu melhor, evitará autojulgamentos ou arrependimentos. O arrependimento por não ter feito o que poderia ou por não ter feito o melhor é um sentimento nocivo na gestão pessoal e profissional. Para que isso não ocorra, o procedimento é mais simples do que parece: busque ser a melhor pessoa que você puder ser para si e para os outros. Assim você evitará muitos problemas, sejam eles pessoais, familiares ou profissionais. No âmbito profissional, faça como recomendam as Sagradas Escrituras: "Assim também vocês, quando tiverem feito tudo o que lhes foi ordenado, devem dizer: somos servos inúteis; fizemos o que devíamos fazer" (Lc 17,10). Entender que oferecer o melhor é um dever faz com que nossas ações melhorem a cada dia.

 Esses são, portanto, os quatro princípios que todo gestor de pessoas deveria saber de cor e salteado. Desses se desdobram muitos outros. Busque aprofundar e se aperfeiçoar nesses princípios e você crescerá muito como pessoa e como gestor. Todos ganham com isso, a começar por você.

2
Os "três filtros" da filosofia tolteca aplicados à gestão pessoal

Quando tratamos da gestão pessoal, que é o primeiro passo para atuarmos na área de gestão de pessoas, não podemos nos esquecer de aplicar os chamados "três filtros", que erroneamente são atribuídos ao filósofo Sócrates. Independentemente das discordâncias sobre a origem desse conhecimento, ele é eficaz para a vida porque evita muitos aborrecimentos desnecessários, e nada é mais desgastante do que ter aborrecimentos que poderiam ser evitados se tivéssemos uma prática eficaz para gerenciar situações antes de elas se tornarem um problema na nossa vida. Assim sendo, apresento aqui esses "três filtros" como indicativo primordial no processo de gestão pessoal.

Antes de falar de cada um desses "filtros", quero lembrar que eles são classificados no campo da filosofia porque nos levam a pensar, e tudo o que provoca o pensamento, a razão, é do campo da filosofia. Você já imaginou se pensássemos sempre antes de qualquer ação ou reação? Evitaríamos muitos aborrecimentos! Mas não é bem isso que comumente ocorre. Boa parte de nossas reações, sejam por palavras ou ações, são impensadas, instintivas, sobretudo quando estamos envolvidos pela emoção. Quase todas as reações cotidianas que temos são automáticas, isto é, impensadas, e isso é a causa de muitos aborrecimentos ou desconfortos em nossas relações pessoais, interpessoais ou sociais: a palavra mal dita que feriu o outro; a atitude impensada que gerou prejuízo ou descontentamentos; a falta de reação porque não se fez uso da razão; o olhar fulminante ou de desdém, enfim, outras tantas situações que, se tivessem sido pensadas, não teriam ocorrido.

Não é necessário ser filósofo para aplicar esses princípios básicos da filosofia no cotidiano e melhorar sua qualidade no tocante aos relacionamentos. Quando melhoramos nossas relações, consequentemente, melhoramos nossa saúde, pois boa parte das enfermidades tem sua origem nos relacionamentos pessoais conflitivos, estressantes, que geram mágoas e podem trazer consequências drásticas não apenas para as relações sociais, mas para a saúde física do indivíduo. Cuidando das palavras e das atitudes, evitamos discórdias e outros males que atingem diretamente a saúde física e mental. Não foi por acaso que indiquei antes a *meditação* como uma das práticas mais eficazes de autocontrole. A meditação é prática da filosofia oriental; porém, os "três filtros" pertencem à filosofia ocidental e constituem um exercício do pensamento, da razão, levando nosso cérebro a ajudar no controle das emoções. Por esse motivo, esses "três filtros" são popularmente conhecidos como os "três filtros de Sócrates", devido à semelhança com a sua filosofia, descrita em textos de outros filósofos, por exemplo, os de Platão: os diálogos, tal como *Fedro*, ou outras obras como *A República*, *O Banquete*, a *Apologia de Sócrates*, etc.

Assim, os "três filtros" são úteis para gerir a vida pessoal, promovendo mais sabedoria e, o que é mais importante, ajudando a evitar problemas, o que não deixa de ser uma sábia atitude. Vejamos, portanto, esses "três filtros" e como eles podem nos ajudar a gerenciar a nossa vida e, consequentemente, a vida de outras pessoas que nos foram confiadas.

Verdade

A verdade é o princípio básico da filosofia ocidental. Buscar a verdade é uma atitude de sabedoria. Porém, saber a verdade não é nada fácil. Buscar a verdade exige esforço físico e mental, empenho e muito discernimento. Não podemos acreditar de imediato em tudo que vemos ou ouvimos. Em tempo de relações virtuais ficou ainda mais difícil saber se aquilo que recebemos nos nossos contatos ou o que vemos postados nas redes sociais são verdades de fato. A maior parte é falsa ou não contém toda a verdade. Há muitas *fake news* – como se diz em inglês – circulando por aí como se fossem verdades absolutas, gerando muitos problemas e causando danos às vezes irreparáveis a pessoas e instituições. Precisamos ter muito cuidado antes de repassar uma notícia ou imagem, pois elas podem não ser verdadeiras, e aí estaremos compactuando com a propagação de mentiras danosas. E mesmo que elas sejam verdadeiras, é mais seguro aplicar os outros dois "filtros" que veremos a seguir. Porém, poucos se dão ao trabalho de submeter as informações ao menos a esse primeiro filtro, ou seja, buscar as fontes, entender o assunto, verificar se não são montagens ou falas fora de contexto, etc. Em época de eleições, essa prática danosa de propagar notícias sem passar por esse primeiro filtro (e nem pelos demais) é muito recorrente e corriqueira devido à facilidade de comunicação e propagação das informações. Basta clicar em "enviar" e o fato sem comprovação de veracidade é transmitido para centenas de pessoas que farão o mesmo, crendo que aquilo que está sendo veiculado é verdade.

Isso serve também para as notícias veiculadas nos meios de comunicação oficiais, como, por exemplo, jornais, revistas, televisão, entre outros. Nem toda notícia veiculada por um desses meios de comunicação é verdadeira. Há muita mentira sendo editada e publicada como se fosse verdade, e muitos creem cegamente apenas porque foi veiculada por meios supostamente mais críveis, no entanto, todos eles têm algum interesse por trás da notícia, seja ele político, financeiro ou ambos, e por isso nem sempre estão comprometidos com a verdade. Não quero dizer com isso que todos veiculem somente mentiras, mas é preciso ver essas notícias com um olhar acurado, crítico, buscando saber se de fato o que foi noticiado é verdade ou se não passa de uma informação tendenciosa, buscando manipular a opinião pública. Há jornais, revistas e canais de televisão confiáveis, mas há outros que, apesar da visibilidade, não têm compromisso com a verdade. Aí cabe a quem recebe a notícia, leitor ou telespectador, submetê-la ao "filtro" da verdade.

O mesmo deve ser aplicado às coisas que outros nos falam. Diante de qualquer comunicado ou notícia trazidos por alguém, antes de contar a outro, busque saber se de fato aquilo é verdade. E mesmo que seja verdade, submeta aos demais "filtros" antes de passar adiante. Fazendo isso você verá que a maioria das coisas que você recebe não vale a pena ser repassada. Quando alguém vier lhe falar algo, seja sobre pessoas ou instituições, antes de ela lhe dizer, pergunte-a: "Você tem certeza da veracidade do que quer me comunicar?". Se ela titubear na resposta e mostrar insegurança, peça que não lhe diga.

Lembre-se sempre da máxima bíblica: "Conhecerás a verdade e a verdade vos libertará" (Jo 8,32). A verdade traz liberdade e justiça, e esses elementos são fundamentais para a vida humana, seja do indivíduo ou da sociedade.

Bondade

A bondade é o segundo "filtro" pelo qual devem passar as notícias que chegam até nós. Parece estranho filtrar as notícias pelo critério da bondade, mas esse procedimento faz toda diferença na hora de julgar alguém por aquilo que ouvimos dizer dele ou mesmo por aquilo que de fato ele tenha feito e que outros vieram nos contar. Diante de uma notícia que alguém lhe trouxe, pergunte a ele antes se aquilo é bom. Se não for bom, se não for ajudar alguém, não vale a pena ser contado. Quando levamos adiante, passando ou repassando notícias que não são boas, em nada contribuímos para o nosso bem, nem para o bem da outra pessoa ou da humanidade. Portanto, evite passar ou repassar notícias ou imagens de violência, de pessoas doentes ou mutiladas, de crianças, ou de pessoas portadoras de deficiências, ou ainda de pessoas idosas sofrendo abusos de alguma forma ou portando alguma doença. Há quem sinta prazer em fazer isso, porém, isso não é bom. Se for para ajudar, busque os órgãos competentes. Se você não se dá ao trabalho de buscar um órgão competente para fazer uma denúncia, não repasse as imagens apenas por repassar ou para ficar com a consciência tranquila por achar que está fazendo algo de bom. Quem repassa essas imagens não está fazendo o bem, ao contrário, está contribuindo para propagar o mal. Quando alguém lhe disser que tem algo muito sério de outrem a lhe dizer, pergunte-o se aquilo é bom. Se fosse bom ela não teria tanta vontade de lhe falar. Comumente as fofocas aguçam a vontade das pessoas em levar adiante supostos fatos. Se as pessoas filtrassem as suas falas e seus comunicados pelo filtro da bondade, muita fofoca seria evitada e tantas pessoas seriam poupadas de terem sua vida e imagem maculadas pela mentira. Não seja um colaborador na destruição da vida alheia, mesmo que aquilo que vierem lhe contar seja verdade. Seja bom e misericordioso também com aqueles que estão tendo suas falhas propagadas, não as propagando ainda mais.

Utilidade

Por fim, submeta as notícias ao terceiro "filtro", o da utilidade. Pergunte se aquilo que será contado tem alguma utilidade, se vai contribuir para alguma coisa boa. Caso contrário, não dê ouvidos. Quantas vezes propagamos coisas inúteis, gastando nosso precioso tempo e o tempo de outras pessoas com coisas que em nada edificam ou contribuem. Se isso serve para os contatos físicos, serve também para os virtuais. Na época da origem de tais "filtros" para a comunicação, estávamos muito longe dos avanços que hoje temos nesta área, e por essa razão era pedido a aplicação deles nas relações diretas, no diálogo pessoal, olho no olho. No entanto, esses "filtros" valiosos em todos os tempos devem ser atualizados, estendidos e aplicados, sobretudo para as relações virtuais, nas quais a quantidade de inutilidades que são propagadas ganhou volume nunca antes visto.

Para concluir, veja a síntese do processo de aplicação desses "três filtros" nesta curta fábula:

Certa feita, um homem conhecido de um filósofo aproximou-se dele e sussurrou-lhe aos ouvidos:

— Escuta, na condição de teu amigo, tenho alguma coisa muito grave para dizer-te acerca daquele teu amigo!

— Espera um minuto – respondeu o sábio. – Antes que me digas alguma coisa do meu amigo, gostaria de te fazer um teste. Chama-se teste dos três filtros.

—Três filtros?! – Perguntou o amigo, espantado.

— Sim, meu caro amigo, três filtros. Observemos se tua confidência passa por eles.

O primeiro é o filtro da verdade: **tens absoluta certeza de que aquilo que vais me dizer é verdade?**

— Bem – pensou o interlocutor –, assegurar mesmo eu não posso, mas ouvi dizer que...

— Então se não sabe se é verdade – assegurou o sábio –, passemos para o segundo filtro, o da bondade: **o que vais me dizer sobre meu amigo é bom?**

Hesitando, o homem replicou:

— Não! Muito pelo contrário.

— Então – continuou o sábio –, queres dizer-me algo mau sobre meu amigo e ainda por cima sem saber se é ou não verdade? Mas, bem, pode ser que ainda passe o terceiro filtro que é o da utilidade. **O que vais me dizer sobre o meu amigo será útil para mim?**

— Útil? Acho que não – respondeu agitado.

— Bem – concluiu o filósofo –, se o que tens a contar-me não é verdade, nem bom e nem útil, porque dizer-me? Esqueçamos o problema e não te preocupes com ele, já que nada valem casos que não são benéficos ou proveitosos para nós.

Em suma, antes de comentar algo sobre alguém, verifique e comprove se aquilo, de fato, é verdade. Se tiver dúvida sobre a veracidade, não fale. Se for verdade, pense em outro aspecto, pense se aquilo que você vai dizer é bom para a pessoa em questão, ou seja, se aquela notícia vai edificar a vida dela. Se não for, não diga. Por fim, constatando que é verdade e é bom, verifique se aquilo tem alguma utilidade. Não dê ouvidos a coisas inúteis. Agindo assim você estará gerindo bem a sua vida e ajudando a gerir bem a vida de outros. Por fim, se for verdade, for bom e útil, ouça e propague.

3
Papa Francisco e as quinze "doenças" a tratar na gestão de pessoas

A Igreja Católica, uma das maiores instituições do mundo, e seu milenar sistema de gestão têm muito a ensinar aos gestores de qualquer outra empresa, de qualquer setor. Sua organização, distribuída nas suas hierarquias ou instâncias, começa pelo Vaticano e chega até as bases, nas dioceses e paróquias dos mais distantes rincões do mundo. Ela possui um sistema organizacional de gestão de bens e pessoas que não fica atrás de outras empresas ou empreendimentos empresariais e, por isso, atravessa incólume os séculos. Para tanto, ela tem um líder máximo, o Papa, que deve ser exemplo de bom gestor, cujos ensinamentos ecoam por toda Igreja, fazendo com que todos os seus membros professem a mesma fé, a mesma doutrina e sigam as mesmas diretrizes administrativas, que regulam desde finanças e patrimônios até pessoas, que são o foco principal de sua gestão e razão da sua existência. A Igreja existe para as pessoas, isto é, para evangelizar as pessoas, e para isso ela dispõe de uma série de procedimentos e orientações que abarcam todas as dimensões da gestão. Essas dimensões são desconhecidas pela grande maioria dos que professam a fé católica. Porém, o que quero destacar aqui é a liderança do Papa Francisco como gestor de pessoas, cujos conselhos repercutem nos quatro cantos do mundo e são entendidos desde os mais altos escalões até as bases, onde estão as pessoas mais simples. Tudo isso porque ele usa uma linguagem simples, acessível, sem exigir manuais ou dicionários teológicos para compreensão de suas propostas e orientações de pastor e de gestor. Assim, unindo essas duas características, pastor e gestor, ele alcança as pessoas, e estas ouvem a sua voz, fazendo jus à expressão de Jesus no *Evangelho de João* sobre o bom pastor: "Minhas ovelhas ouvem a minha voz, eu as conheço, e elas me seguem" (Jo 10,27).

Como bom pastor e bom gestor, o Papa Francisco não apenas sabe identificar as ovelhas doentes ou desgarradas do seu rebanho, como também usa métodos preventivos contra as doenças e desvios. Suas exortações, discursos, homilias ou conselhos sempre têm algo de alerta e prevenção. É o que ele faz desde o início de seu pontificado, e foi o que fez em um discurso histórico memorável no Vaticano, às vésperas do Natal de 2014 quando falou ao mais alto escalão da Igreja Católica sobre autogestão e gestão de pessoas na Igreja, algo que serve para qualquer empresa. Nesse discurso o Papa apontou quinze doenças que precisam ser evitadas ou tratadas para se gerir eficazmente a própria vida e a vida de terceiros em qualquer empreendimento. Relaciono aqui cada uma delas, de forma resumida, e aplico-as à gestão, de modo a superar tais enfermidades tão comuns no mundo corporativo e, assim, desenvolver eficazmente a gestão de pessoas, começando por si próprio e se estendendo aos outros. Essas "doenças" são perigosas para as pessoas, mas, sobretudo, para as empresas. Leia atentamente essa relação de enfermidades elencadas pelo Papa Francisco e avalie a sua vida e a sua empresa. Se detectar os sintomas, procure ajuda de um profissional.

Sentir-se imortal

Sentir-se imortal é sentir-se imune, indispensável ou, até mesmo, insubstituível. Esse é um erro grave não apenas na gestão de pessoas, mas em qualquer outra categoria de gestão. O Papa Francisco fez esse primeiro alerta à cúpula da Cúria Romana e eu o trago aqui para os demais gestores. Quem se acha insubstituível habitualmente descuida até das coisas elementares e necessárias, pois se equipara a um super-homem ou a um deus. O Papa alertava dizendo que uma empresa (naquele caso, a Cúria Romana) que não se autocritica, não se atualiza nem procura melhorar, torna-se um corpo enfermo, pois um indivíduo que age assim no corpo de uma empresa é um indivíduo enfermo, e um gestor nesse estado, mesmo que seja um caso isolado, contagia toda a empresa. É como quando temos um membro de nosso corpo adoecido: dependendo da enfermidade, ela poderá se espalhar para outras partes do corpo, provocando uma infecção generalizada e levando à morte. Em uma empresa não é diferente. Se um membro for acometido dessa enfermidade que o Papa classifica como "sentimento de imortalidade", ou seja, de se sentir insubstituível, ele não apenas mata sua profissão ou missão, como também poderá levar a empresa à falência. Por essa razão, o pontífice recomenda que visitas esporádicas ao cemitério poderiam ajudar qualquer pessoa e, neste caso, qualquer gestor a gerir melhor a sua vida e a de outros, pois ali se encontram nomes de pessoas supostamente importantes, muitas das quais talvez pensassem que fossem imortais, insubstituíveis, imunes e indispensáveis. Ele relembra que essa doença é a mesma do rico insensato do Evangelho (Lc 12,13-21), que pensava viver eternamente e também daqueles que se tornaram diretores, gerentes, supervisores, encarregados sentindo-se superiores a todos. Ele aponta que tal doença deriva muitas vezes da patologia do poder, também chamada no meio eclesiástico de "complexo dos eleitos", ou ainda, do narcisismo, ou seja, daquele que se apaixona pela própria imagem e não vê a imagem de Deus no rosto dos outros, especialmente dos mais frágeis e necessitados, dos subalternos da sua empresa, dos que ocupam cargos e funções menos qualificadas. Em outras palavras, ela deriva daqueles que só pensam em si, em se darem bem, mas não se preocupam com os outros. Trazendo para o campo teológico, espiritual e eclesial, o Papa diz que o antídoto para essa doença, que é epidêmica e endêmica em algumas empresas, é a graça de enxergar os próprios limites, fraquezas, debilidades e dizer com todo o coração: "Somos servos inúteis; fizemos o que devíamos fazer" (Lc 17,10). Tudo isso não no sentido de se depreciar ou se desqualificar, mas de saber que ninguém é insubstituível ou imortal. *Morremos e as roupas continuam no varal*, diz um poeta ao falar da brevidade da vida e do senso de finitude e mortalidade que deve haver em qualquer ser humano para combater a arrogância e a doença de se sentir imortal.

Ativismo

Também chamado pelo Papa Francisco de "*martismo*", em uma referência direta à atitude de Marta, uma das amigas de Jesus e personagem do *Evangelho de Lucas* (Lc 10,38-42) que, ao recebê-lo em sua casa, em vez de lhe dar atenção e ouvi-lo, ficou preocupada com os afazeres da casa, enquanto sua irmã, Maria, sentou-se junto a Jesus. Quando Marta reclama com Jesus que a irmã não lhe ajuda, Jesus carinhosamente a repreende, dizendo que ela anda muito preocupada e, consequentemente, estressada com os afazeres, e que Maria escolheu a melhor parte. Ou seja, o ativismo de Marta lhe impediu que ela lhe dispensasse atenção. Assim, o ativismo ou "*martismo*" é a *atividade excessiva*, a atitude daqueles que mergulham no trabalho e negligenciam atenção às pessoas.

Um gestor que não dá atenção às pessoas comete erro grave na sua missão. Jesus, no evangelho supracitado, classifica como "a melhor parte" a atitude de acolher e dar atenção. Essa continua sendo a melhor parte na gestão de pessoas: sentar-se e ouvir o que o outro tem a dizer, conhecê-lo melhor, como fez a irmã de Marta, Maria, que se sentou aos pés de Jesus (Lc 10,38-42) para ouvi-lo. Sem aprofundar a reflexão teológica dessa postura, recordo o alerta do Papa Francisco para os gestores de pessoas e de empresas: *cuidar para não cair no ativismo*, porque ativismo é uma espécie de doença. O ativismo não é necessariamente algo producente, ele pode ser fuga da realidade. Estar o tempo todo ocupado pode ser uma alternativa para não se confrontar com os seus problemas e com os problemas dos outros e, assim, não enxergar suas fraquezas e mazelas; um jeito de não ter que resolver os problemas; um vício ou qualquer outro distúrbio que causa dano se não for corrigido. Um gestor pode ser acometido dessa "enfermidade", diz o Papa Francisco, e isso prejudica não apenas o próprio gestor, mas também a empresa e as pessoas por ele geridas.

Um gestor de pessoas precisa estar bem para poder ajudar os outros. Recordei isso em vários momentos desse livro e reforço aqui: é preciso se cuidar! É preciso descansar. Por isso, em outra passagem bíblica (Mc 6,31), Jesus convidou os seus discípulos a *"descansar um pouco"*, provavelmente, porque sabia que não ter o descanso necessário leva ao estresse e à agitação. O Papa lembrou essa situação pelo fato de o clero ser uma das categorias em que mais se encontram pessoas estressadas. Os inúmeros afazeres, o pouco tempo de descanso e de autocuidado fazem com que muitos padres e bispos adoeçam. Não é pequeno o número de padres doentes devido ao estresse resultante do ativismo e do pouco tempo de descanso e de lazer. O tempo do repouso, para quem levou a cabo sua missão, é necessário, obrigatório e deve ser vivido seriamente. Descansar não é perda de tempo, é necessidade fisiológica, ou seja, uma das necessidades primárias do ser humano, como bem lembrou o psicólogo humanista Abraham Maslow na sua *hierarquia de necessidades*. Passar algum tempo com os familiares e amigos, bem como com pessoas queridas e agradáveis, é fundamental. Também devem ser resguardadas as férias como momentos de recarga de energia e de força: recuar para avançar. Todo gestor deveria lembrar, seja no trabalho ou no descanso, que deve haver um tempo para cada coisa, cada procedimento. Tempo de trabalhar e tempo de descansar, tempo de plantar e tempo de colher, como bem lembra o livro do *Eclesiastes* ou *Coélet*: "Para tudo há um momento e um tempo para cada coisa" (Ecl 3,1-8). Se o gestor perder essa noção, ele cairá no ativismo ou no *"martismo"*, como afirmou o Papa Francisco aos membros da Cúria Romana.

Empedernimento mental e espiritual

O Papa chama a atenção para o empedernimento mental e espiritual, que significa endurecimento do coração e fechamento da mente, petrificando-os. Pessoas de coração duro têm, consequentemente, a mente fechada, e pessoas de mente e coração fechados não são boas gestoras, pois para lidar com pessoas é preciso estar aberto, ser sensível e ter compreensão. A mente está relacionada à razão, algo do qual se pede aos gestores de empresas que façam uso para gerir com eficácia. É preciso usar a inteligência para gerir bem uma empresa e as pessoas que dela fazem parte. Mas é preciso também usar o coração, isto é, os sentimentos, para não se tornar um robô, uma máquina, alguém que procede sem sensibilidade. Tanto na igreja quanto em qualquer outra empresa, pessoas de corações e mentes empedernidos provocam grandes estragos. Elas podem até fazer a empresa lucrar financeiramente, mas vão machucar e destruir muitas vidas, e como estamos tratando de gestão de pessoas é importante ter esse cuidado.

Assim, o Papa Francisco trata procedimentos resultados de mente e coração endurecidos como *doença*, sobretudo se essa pessoa for cristã. Somente uma pessoa mentalmente enferma pode tratar o seu semelhante com dureza ou agressividade. Claro que há momentos em que é preciso agir com firmeza, mas sempre se deve agir com carinho. Ernesto Guevara, um argentino conterrâneo do Papa, dizia que é preciso ser duro, mas sem perder a ternura. O próprio Papa sabe ser duro quando é preciso, como vemos na forma com que vem tratando os casos de pedofilia na Igreja, mas não perde a ternura, a sensibilidade com a dor do outro. Mostra, assim, o rosto de uma Igreja que é mãe e de um líder que é gestor e pastor.

Quando o Papa fala do empedernimento espiritual, ele se refere à aridez da espiritualidade que pode se apossar da mente e do coração de um líder religioso, tornando-o uma pessoa árida em relação a si e aos outros, e isso revela não apenas o rosto de uma pessoa espiritualmente enferma, mas de uma Igreja enferma. Uma Igreja enferma dificilmente ajudará a curar as "enfermidades" de seus membros. Um gestor espiritual adoecido terá dificuldade de ajudar os outros nas suas "enfermidades espirituais". Além disso, uma dose de espiritualidade cabe bem no procedimento de qualquer gestor, de qualquer empresa, mesmo que ele não seja um líder religioso ou que professe alguma fé. Os seres humanos são seres espiritualizados, que, na sua maioria, professam uma religião, têm uma fé ou simplesmente creem em Deus ou em um ser supremo que rege o universo. Neste sentido, ter saúde espiritual ajuda a gerir direta ou indiretamente a espiritualidade dos outros, tornando o gestor de pessoas ainda mais completo. Mesmo que o gestor seja ateu, ele precisa entender e respeitar a crença e a espiritualidade daqueles que ele está gerindo na empresa. Respeito também é uma forma de espiritualidade, que, no entanto, é impossibilitada pelo empedernimento mental e espiritual, responsável pelo tratamento rude ou mecânico de um gestor que vê o outro ser humano como se fosse apenas mais uma peça da engrenagem de um sistema industrial e se acha o único detentor da verdade.

A "petrificação" mental impede que as pessoas enxerguem outras possibilidades, outros caminhos, outras soluções, ou mesmo, outras verdades. Quando alguém tem a mente empedernida dificilmente aceitará pontos de vista e pessoas diferentes, tendo dificuldade de lidar com eles. O empedernimento fecha a mente a novas possibilidades, mudanças e conversões. Por essa razão ele é tratado pelo Papa Francisco como doença. Um gestor empedernido é um gestor fracassado. Nenhum empresário consciente tolera o empedernimento dos gestores de sua empresa porque isso pode significar o endurecimento ou fechamento da própria empresa.

Desse modo, o *empedernimento mental e espiritual* é a enfermidade daqueles que possuem um coração de pedra; daqueles que, à medida que vão caminhando, perdem a serenidade interior, a vivacidade e a ousadia e escondem-se sob os papéis, tornando-se "*máquinas de práticas*" e não "pessoas de Deus" (Heb 3,12). O Papa alerta que é perigoso perder a sensibilidade humana, necessária para nos fazer chorar com os que choram e alegrar-nos com os que estão alegres! Ele diz que o empedernimento mental e espiritual é a doença daqueles que perdem "*os sentimentos de Jesus*" (Fl 2,5-11), porque o seu coração, com o passar do tempo, se endurece tornando-se incapaz de amar incondicionalmente Deus e o próximo (Mt 22,34-40). Por essa razão, ao falar com a Cúria Romana e com todos os fiéis, ele reforça que ser cristão significa "*ter os mesmos sentimentos que estão em Cristo Jesus*" (Fl 2,5), sentimentos de humildade, doação, desprendimento e generosidade. Humildade não significa incapacidade, significa sabedoria. Quanto mais sábia é uma pessoa, mais humilde ela é, porque sabe que não tem conhecimento de tudo e que os outros podem saber de coisas que ela desconhece. Ao gerir pessoas é importante ter esse olhar e essa sabedoria, algo que só se faz com humildade. Os verdadeiros sábios são aqueles que mais demonstram humildade, de modo que é preciso desconfiar daqueles que se arrogam muita sabedoria, pois, por trás de uma atitude arrogante, pode se esconder um ignorante, dono de uma mente e de um coração petrificados.

Planejamento excessivo e funcionalismo

Um bom gestor sabe que, para fazer as coisas funcionarem bem e ter resultados, é importante que se tenha um bom planejamento. Porém, tudo que é excessivo também tem seu lado negativo. O excesso de planejamento pode levar ao mero funcionalismo das coisas, tornando-as áridas, sobretudo quando esse excesso de planejamento é na igreja. Nesse caso o gestor não dá lugar para a ação do Espírito Santo, alerta o Papa Francisco no seu discurso às autoridades da Igreja. Ele afirma que, quando o apóstolo planifica tudo minuciosamente, achando que se fizer um planejamento perfeito as coisas avançarão efetivamente, torna-se um contador ou comerciante. É claro que é necessário preparar tudo bem, mas sem nunca cair na tentação de querer dirigir a liberdade do Espírito Santo, que sempre permanece maior e mais generosa do que todo o planejamento humano (Jo 3,8). Quando ocorre o planejamento em excesso, cai-se nesta espécie de doença, porque é sempre mais fácil e confortável acomodar-se nas próprias posições estáticas e inalteradas do que agir equilibrando-se na margem de insegurança que a falta de planejamento oferece. Essa margem, no entanto, é o espaço que deixamos para a criatividade, a participação e a opinião de outros e, claro, para o Espírito Santo agir. Na realidade, diz o Papa, "a Igreja mostra-se fiel ao Espírito Santo na medida em que põe de lado a pretensão de o regular e domesticar – domesticar o Espírito Santo! – (…) Ele é frescor, criatividade, novidade".

Na linha de raciocínio do Papa, teço essa reflexão e amplio-a para os gestores de outras empresas além da Igreja, destacando que planejar é importante, mas é preciso tomar cuidado para que essa ação de organização não seja em exagero, coibindo a criatividade das pessoas e a sua liberdade, impedindo, assim, a colaboração e a participação no processo de gestão. Um planejamento não pode ser algo fechado, uma "camisa de força" ou um engessamento das ações e iniciativas. Nesse caso, o planejamento não cumpre o seu papel e mais atrapalha do que colabora no processo de gestão. Todo planejamento precisa ter uma margem de flexibilidade, porque tudo o que não é flexível pode quebrar.

Usamos o exemplo do bambu como imagem para ilustrar essa situação, como nós veremos no capítulo seguinte. O "plano" ou "planejamento" do bambu é crescer para o alto. Porém, nesse processo de crescimento, ele enfrenta muitas tempestades e vai continuar enfrentando depois que atingir a altura planejada. Se ele não for flexível, se não se curvar até o chão, ele se quebrará e, consequentemente, morrerá antes de atingir a altura ideal. Toda empresa, de qualquer setor, se planeja para crescer e se desenvolver, alcançando e batendo metas, mas se ela não tiver flexibilidade nas suas ações e não for flexível com os seus colaboradores, fornecedores e clientes, dificilmente atingirá suas metas, porque as "tempestades" do mundo corporativo são tão grandes e violentas quanto as da natureza. Nesse sentido, o alerta do Papa Francisco e o exemplo do bambu ajudam a evitar planejamentos em excesso ou excessivamente fechados, sem espaço até para a ação do Espírito Santo.

Má coordenação

Eu costumo sempre alertar que um empreendimento se deslancha e atinge suas metas se à frente dele estiver uma pessoa, coordenador/a ou gestor/a eficaz. Isso serve para os trabalhos pastorais na igreja e também para o universo empresarial ou corporativo. Se a coordenação não for boa, todo o trabalho será prejudicado. A coordenação é como a locomotiva de um trem. Os demais vagões irão seguir no trilho se a locomotiva que os puxa cumprir sua função; quanto mais potente e veloz for a locomotiva, mais velocidade terão os vagões e, se a locomotiva parar, todos os demais vagões param. Assim é também a coordenação de um trabalho, cujo êxito depende em grande parte – para não dizer totalmente – de quem está na coordenação. Por essa razão, os coordenadores são agentes imprescindíveis nos trabalhos pastorais e empresariais. A coordenação pode ser do gestor, do encarregado, do dirigente, do gerente ou de qualquer outro nome ou função que se dê a quem está à frente de uma equipe, sendo a "peça" fundamental no desenvolvimento do trabalho. A má coordenação é uma espécie de doença de uma empresa, diz o Papa Francisco, e uma empresa doente não produz como deveria e não leva adiante seus empreendimentos; é como uma locomotiva com defeito.

O Papa usa outras imagens para falar da doença da má coordenação: a do corpo e da orquestra. Ele lembra que, quando os membros do corpo perdem a sincronização entre eles, o ser humano perde o seu funcionamento harmonioso e a sua temperança, assemelhando-se a uma orquestra que produz somente ruído, porque os seus membros não colaboram e não vivem o espírito de comunhão e de equipe, prejudicando toda a execução da música. Ele alude à passagem bíblica da *Primeira Carta de Paulo aos Coríntios* (1Cor 12,21), quando o pé diz ao braço: "Eu não preciso de ti"; ou a mão diz à cabeça: "Mando eu", causando assim mal-estar e escândalo, ou seja, prejudicando todo o corpo. Quando há uma má coordenação, corre-se o risco de os papéis se inverterem e as coisas desandarem. Uma coordenação ruim pode apresentar vários outros sintomas prejudiciais, como, por exemplo: o autoritarismo do gestor ou coordenador; o desleixo nas ações; o descaso, negligência ou descuido, entre outros males que prejudicam diretamente todo o trabalho e, consequentemente, toda a empresa. Essa imagem do corpo que o Papa Francisco resgata da Bíblia é importante para compreendermos a corporação em que atuamos, seja ela a igreja ou uma empresa de outros setores. Lembramos que o termo "corporação" vem de corpo, de modo que toda empresa é uma espécie de corpo. Quando um membro de coordenação não vai bem ou não desenvolve bem suas funções, todo o restante do corpo da empresa sente os impactos dessa má ação.

Alzheimer espiritual

Quando se fala de Alzheimer, fala-se, entre outras coisas, de esquecimento. Um dos pontos que o Papa Francisco não esquece é o da espiritualidade, e ele faz questão de enfatizar nesse discurso à Cúria Romana que um dos grandes males da igreja é esquecer a sua essência, sua espiritualidade. Quando um empreendedor esquece ou perde o foco daquilo que lhe é essencial no seu empreendimento, este está fadado ao fracasso. Assim sendo, um gestor eclesial jamais poderia esquecer que a espiritualidade é o "combustível" da sua missão. Porém, quando o Papa traz para reflexão a doença do Alzheimer espiritual, ele toca em um dos problemas mais graves da Igreja, pois um gestor eclesial que esquece ou não cultiva a espiritualidade deixa de ser um gestor espiritual. Ele pode até continuar como gestor eclesial, mas sua missão será árida. Esse alerta do Papa serve para todos os gestores e empreendedores: não esqueça o essencial, pois se isso vier a ocorrer, você terá fracassado na sua missão.

Isso me faz lembrar aquela conhecida lenda que diz que uma mulher pobre, com uma criança no colo, ao passar diante de uma caverna, escutou uma voz que lá dentro lhe dizia: "Entre e apanhe tudo o que desejar, mas não se esqueça do principal. Lembre-se, porém, de uma coisa: depois que você sair, a porta se fechará para sempre. Portanto, aproveite a oportunidade, mas não se esqueça do principal". A mulher entrou na caverna e encontrou muitas riquezas. Fascinada pelo ouro e pelas joias, pôs a criança no chão e começou a juntar, ansiosamente, tudo o que podia no seu avental. A voz misteriosa falou novamente: "Você agora só tem oito minutos". Esgotado o tempo, a mulher, carregada de ouro e pedras preciosas, correu para fora da caverna e a porta se fechou. Só quando estava fora que ela se deu conta que havia se esquecido da criança, mas a porta já estava fechada para sempre! A riqueza durou pouco e o desespero, muito. O mesmo acontece, às vezes, conosco, em nossos empreendimentos. Nós nos preocupamos com tantas coisas, mas, com frequência, nos esquecemos do essencial. A ganância, a riqueza, os prazeres materiais nos fascinam tanto que o principal vai ficando sempre de lado. Assim, esgotamos o nosso tempo aqui e deixamos de lado o essencial, o que realmente tem valor. Na atuação corporativa não é diferente, cada empresa e empreendimento tem algo que é essencial e não pode ser esquecido. No âmbito religioso é a espiritualidade. E na sua empresa, o que é essencial? Já pensou nisso?

O "Alzheimer espiritual" comentado pelo Papa Francisco é o esquecimento da "história da salvação", da história pessoal com o Senhor, do "amor primeiro", como diz o livro do *Apocalipse* (Ap 2,4). Trata-se de um progressivo declínio das faculdades espirituais, o que, em um período mais ou menos longo de tempo, causa grave deficiência à pessoa, tornando-a incapaz de exercer qualquer atividade autônoma e colocando-a em um estado de absoluta dependência dos seus pontos de vista frequentemente imaginários. Isso pode ser visto naqueles que perderam a memória do seu encontro com o Senhor; naqueles que não fazem o sentido deuteronômico da vida; naqueles que dependem completamente do seu presente, das suas paixões, caprichos e manias; naqueles que constroem em torno de si muros e costumes, tornando-se cada vez mais escravos dos ídolos que esculpiram com as suas próprias mãos. Quando um dirigente religioso é acometido dessa enfermidade espiritual, ele provoca estragos na igreja, e em uma empresa não é diferente: se o gestor esquece o essencial da sua missão, torna sua missão árida. Além disso, uma dose de espiritualidade cabe bem em qualquer empreendimento. Ela ajuda a humanizar a empresa e a vida das pessoas que são ali geridas, trazendo benefícios para o ambiente de trabalho e melhorando o relacionamento das pessoas umas com as outras.

Rivalidade e vanglória

Quando em um ambiente de trabalho há competições e rivalidades, os objetivos gerais ou específicos ficam relegados ao segundo plano ou meramente esquecidos, como vimos antes, e isso prejudica a missão da empresa. Rivalidades são nocivas quando são fruto da inveja, esse sentimento doentio que leva a pessoa a agir sem escrúpulos em relação aos outros, prejudicando-os e prejudicando a empresa. Quando alguém se vangloria daquilo que faz, sem que isso acrescente algo à equipe ou à empresa, ela precisa de ajuda, pois está manifestando os sintomas dessa doença, afirma com outras palavras o Papa Francisco.

Quando o Papa se dirige ao alto escalão da Cúria Romana e toca nessa questão, ele está se referindo àqueles que agem pela aparência, deixando-a sobressair à essência. Ele recorda os que se prendem às vestes, às insígnias, aos títulos e negligenciam o serviço ao próximo. Em nenhum empreendimento deveríamos agir por aparência, pois a aparência deve ser o reflexo da essência e não o contrário.

O Papa diz que quando a aparência, as cores das vestes e as insígnias de honra se tornam o objetivo primário da vida de um clérigo, ele esquece das palavras de Paulo, "*Nada façais por ambição, nem por vaidade; mas, com humildade, considerai os outros superiores a vós próprios, não tendo cada um em vista os próprios interesses, mas todos e cada um exatamente os interesses dos outros*" (Fl 2,3-4), tornando-se vazio no sentido mais pejorativo do termo. Diz também que essa é a doença que nos leva a ser homens e mulheres falsos, adeptos de um falso "misticismo" e um falso "quietismo". O próprio Paulo define como "*inimigos da cruz de Cristo*" aqueles que agem assim, porque "glorificam-se em sua vergonha, esses que estão presos às coisas da terra" (Fl 3,18-19).

No mundo corporativo, vangloriar-se pelas coisas supérfluas e rivalidades mina o empreendimento e empobrece a ação. Na gestão de pessoas é preciso estar sempre atento a esses procedimentos ou a essas "enfermidades", como diz o Papa.

Se nós queremos uma empresa saudável, precisamos de ações igualmente saudáveis dos colaboradores, caso contrário, todos serão prejudicados.

Esquizofrenia existencial

O Papa Francisco lembra que a doença da esquizofrenia existencial é a doença daqueles que vivem uma vida dupla, fruto da hipocrisia típica do medíocre e progressivo vazio espiritual que nem doutoramentos nem títulos acadêmicos podem preencher. É uma doença que acomete frequentemente aqueles que, abandonando o serviço pastoral e a missão, se limitam às questões burocráticas, perdendo assim o contato com a realidade, com as pessoas concretas. Deste modo, criam um mundo paralelo próprio, onde põem de lado tudo o que ensinam severamente aos outros e vivem uma vida escondida e muitas vezes dissoluta. A conversão é muito urgente e indispensável para esta gravíssima doença, diz o Papa, com base no *Evangelho de Lucas* (Lc 15,11-32).

Como podemos trazer essa reflexão para o campo empresarial? No mundo corporativo esse procedimento corresponde aos que agem com hipocrisia, exigindo de seus colaboradores o que eles mesmos não fazem. Nesse caso, a coerência é fundamental. Seja qual for o campo de missão, o empreendimento missionário ou profissional, a coerência é fundamental. Na gestão de pessoas é de suma importância priorizar o ser humano em detrimento de sua função. Quem não trata as pessoas como pessoas, mas como máquinas ou objetos, não poderá esperar resultados satisfatórios. Além disso, o afã pelos cargos, pelos títulos ou para se promover na empresa, pisando ou denegrindo a imagem de outros ou prejudicando-os, mostra claramente essa enfermidade da qual trata o Papa. O mundo corporativo está repleto de esquizofrênicos existenciais e essa enfermidade causa danos irreversíveis, pois ela pode ser contagiosa. O Papa diz que quem é acometido desse mal precisa de conversão, o que vale também para o âmbito profissional, entendendo conversão como mudança de procedimento, de postura, de relações. Porém, não se trata de uma mudança superficial, por conveniência, mas uma mudança de vida, descobrindo outros valores, sobretudo o valor humano. A esquizofrenia existencial prejudica principalmente quem trabalha na gestão de pessoas. Que o gestor de pessoas, então, esteja sempre atento àqueles a quem está gerindo, mas também à própria gestão de si, detectando sinais dessa enfermidade e combatendo-a logo no início.

Bisbilhotices, murmúrios e críticas destrutivas

Somente pelo título já dá para perceber que esse item trata de algo patológico, não apenas no sentido figurado do termo, mas literal. Quem vive reclamando de tudo e ainda bisbilhota a vida alheia para fazer críticas destrutivas, além de ser uma pessoa desocupada ou sem compromissos sérios, demonstra necessitar da ajuda de um profissional da área da saúde. Para essas pessoas o Papa dá um recado direto: "Procure se cuidar, pois essa é uma doença grave [...]. Desta doença já falei muitas vezes, mas nunca é demais. Trata-se de uma doença grave, que começa de forma simples, talvez por duas bisbilhotices apenas, e acaba por se apoderar da pessoa fazendo dela uma '*semeadora de cizânia*' (como Satanás) e, em muitos casos, 'homicida a sangue frio' da fama dos próprios colegas e confrades". Diz ainda: "É a doença das pessoas velhacas que, não tendo a coragem de dizer diretamente, falam pelas costas". Ele lembra a advertência de Paulo: "*Fazei tudo sem murmurações nem discussões, para serdes irrepreensíveis e íntegros"* (Fl 2,14-15). E conclui: "Irmãos, livremo-nos do terrorismo das bisbilhotices!".

No mundo corporativo essa doença também é muito prejudicial. Além de minar relações, ela estraga planos, projetos e ações; pode atingir qualquer instância da empresa, do colaborador de base até o do mais alto escalão; pode destituir pessoas de funções e causar demissões; em suma, ela estraga a vida de pessoas e empresas. Quem atua na gestão de pessoas também deve atentar para essa "enfermidade", cujos sintomas se evidenciam na fofoca. Uma pessoa dada à fofoca é uma pessoa que manifesta essa doença e precisa ser tratada e contida antes de fazer maiores estragos na empresa. Como proceder? No primeiro momento uma boa conversa ajuda. Não surtindo efeito, cabe uma advertência. Na terceira advertência as medidas podem ser mais contundentes, como, por exemplo, a exoneração da função. No âmbito eclesial é um pouco mais complexo, porque a exoneração da função se dá em casos extremos, mas mesmo assim, o processo de correção deve ser parecido, levando em consideração a orientação bíblica encontrada no *Evangelho de Mateus*, que diz: "Se seu irmão te leva a pecar, vá e mostre o erro dele, mas em particular, só entre vocês dois. Se ele der ouvido, você ganhou o seu irmão. Se ele não lhe der ouvidos, tome com você mais uma ou duas pessoas, para que toda a questão seja decidida sob a palavra de duas ou três testemunhas. Caso ele não dê ouvido, comunique à Igreja. Se nem mesmo à Igreja ele der ouvidos, seja tratado como se fosse um pagão ou um cobrador de impostos" (Mt 18,15-17).

Na empresa o procedimento poderá ser similar: se alguém está fazendo fofocas, vá e mostre o erro a ela, mas em particular. Chame-a para uma conversa em um lugar reservado e diga sobre o seu procedimento, dê conselhos, mostre o quanto esse procedimento é nocivo. Muitos casos se resolvem nessa primeira instância. Porém, se depois disso ela não lhe der ouvidos e continuar a bisbilhotar, murmurar e fazer críticas, você deve tomar outra medida. Chame mais duas ou três pessoas de confiança e repita a conversa com essas três testemunhas. Se mesmo assim ela não se corrigir, leve para a direção da empresa e sugira uma reunião mais ampla, tipo assembleia. Se mesmo assim ela não se corrigir, então poderão vir medidas mais severas como, por exemplo, a demissão do colaborador fofoqueiro.

Divinização dos líderes

No senso comum usa-se a expressão "puxa-saco", para aqueles que gostam de bajular seus chefes ou superiores, mas o Papa Francisco – delicadamente, mas não menos contundente – usa a expressão "divinizar os líderes", tratando também esse procedimento como doença que atinge os membros das corporações, sejam elas a igreja, os quartéis militares ou as empresas de qualquer ramo ou setor. Nelas sempre há aqueles que gostam de bajular ou até divinizar seus superiores em vista de promoções, benevolências ou outros ganhos. Quem é acometido por essa enfermidade geralmente não mede as consequências de suas bajulações, podendo mesmo prejudicar os outros para angariar a simpatia de seus superiores. O Papa Francisco diz que a doença de divinizar os líderes é a doença daqueles que fazem a corte aos superiores, na esperança de obter a sua benevolência. Elas são vítimas do carreirismo e do oportunismo, e em se tratando da Igreja, elas honram as pessoas e não Deus (Mt 23,8-12). São pessoas que vivem o serviço, pensando unicamente no que devem obter e não no que devem dar. Geralmente são pessoas mesquinhas, infelizes e movidas apenas pelo seu egoísmo fatal (Gl 5,16-25). Tais bajuladores são geralmente pessoas falsas, elogiam, bajulam e fazem outros tipos de adulações simplesmente pensando em si. Quando elas conseguem o que desejam, sendo promovidas, simplesmente ignoram os que antes bajulavam, caso esses não representem mais possibilidade de oportunidade na empresa. O Papa lembra que esta doença pode atingir também os superiores, quando fazem a corte a algum dos seus colaboradores para obter sua submissão, lealdade e dependência psicológica, mas o resultado final é uma verdadeira cumplicidade. Em suma, são ações ou procedimentos movidos meramente por interesses pessoais.

Neste caso, como nos demais, o gestor de pessoas precisa estar bem atento, pois tais procedimentos são muito comuns e variam de acordo com a pessoa e as situações. É preciso também que o gestor esteja atento aos seus próprios procedimentos e avalie se ele também não está tendo comportamentos dessa natureza, que podem começar com pequenos elogios e se transformar em grandes bajulações com fins meramente pessoais. Isso não quer dizer que seja proibido fazer elogios. Pelo contrário, o elogio sincero, como reconhecimento de qualidades, é muito bem-vindo e benéfico. Há diferenças visíveis entre um elogio sincero e motivacional e uma bajulação interesseira. Qualquer gestor com um mínimo de *expertise* saberá diferenciar um procedimento do outro.

Como identificar uma pessoa que diviniza seus líderes, o chamado "bajulador"? Ela tem como característica o elogio excessivo com interesse em **obter vantagem para si**; mostra grande admiração por alguém que é **superior em alguma hierarquia**, tal como um chefe, um gerente, o patrão, o professor, o padre, o bispo, o cardeal, etc. O divinizador ou bajulador é alguém que possui menos importância dentro de uma hierarquia, que presta favores a alguém superior e possui disponibilidade frequente para tirar proveito de alguma situação. Essas pessoas são inconvenientes e inadequadas e geralmente acabam por ganhar a aversão e a repulsa dos colegas de trabalho, ficando isoladas. Elas costumam querer agradar e chamar a atenção, tornando-se pessoas perigosas, porque comumente colocam uns contra os outros, além de apontarem as falhas alheias para o chefe no intuito de rebaixar os outros e se elevar; querem subir pisando nos demais.

Esses divinizadores de seus superiores apresentam algumas características passíveis de serem observadas com facilidade. Eles costumam repetir frases ou comportamentos do chefe; costumam se posicionar como quem sabe tudo, têm a resposta para tudo e são sempre os donos da verdade; não compartilham as habilidades e conhecimentos que possuem por medo de concorrência ou de outros se sobressaírem fazendo uso do conhecimento ou da habilidade partilhada; se mostram generosos em algumas situações que lhes convêm, como, por exemplo, em festas de fim de ano, aniversário do chefe ou do superior, em eventos relevantes da empresa e, no caso da Igreja, em celebrações solenes e de maior visibilidade estão sempre ali para serem vistos na sua suposta presença e supostos comprometimento e "generosidade". Estar atento a esses sinais e comportamentos ajuda o gestor de pessoas a lidar bem com esses tipos acometidos pela doença da divinização dos líderes que tanto prejudica um trabalho em equipe.

Indiferença para com os outros

A indiferença é um dos piores comportamentos, e quando isso ocorre dentro da empresa ou da igreja, essa atitude precisa ser sanada o mais rápido possível, por isso, ela é também classificada pelo Papa como enfermidade. Vale ressaltar que doença ou enfermidade, nos sentidos figurado e literal, é tudo aquilo que coloca em risco a vida de pessoas e empreendimentos. No caso da indiferença, ela é prejudicial porque o indiferente revela, na sua atitude ou comportamento, um descaso com os demais e até com a missão assumida. Porém, aqui a ênfase recai sobre a indiferença com o outro. Já enfatizei bastante a importância do trabalho em equipe, a interdependência nas ações e nas relações no mundo corporativo e na igreja e, nessas condições, quando uma pessoa revela indiferença com os demais, seu comportamento acarreta problemas para todos.

Em se tratando de indiferença, vale recordar um fato noticiado pelo jornal inglês *The Guardian*, em 15 de dezembro do ano 2000. Verdade ou não, a notícia faz pensar nas consequências da indiferença. O fato parece bizarro, mas tudo indica a real gravidade da indiferença. O jornal noticiou que George Turklebaum, de 51 anos, que trabalhava como verificador de texto em uma empresa de Nova Iorque há 30 anos, sofreu um ataque cardíaco no andar onde trabalhava (*open space*, sem divisórias) com outros 23 funcionários. Ele morreu tranquilamente na segunda-feira, mas ninguém notou até o sábado seguinte pela manhã, quando um funcionário da limpeza o questionou porque ainda estava trabalhando no fim de semana. O seu chefe, Elliot Wachiaski, disse: "*George era sempre o primeiro a chegar todos os dias e o último a sair no final do expediente, ninguém achou estranho que ele estivesse na mesma posição o tempo todo e não dissesse nada. Ele estava sempre envolvido em seu trabalho e fazia-o sozinho".* A autópsia revelou que ele estava morto há cinco dias, depois de um ataque cardíaco. A indiferença com o colega de trabalho fez com que ninguém percebesse a sua ausência ou a sua presença.

A indiferença está entre os piores sentimentos e por isso o Papa a trata como doença. Quando ela é frequente no ambiente de trabalho, pode ser mais danosa ainda. A indiferença consiste em um misto de desprezo e desdém. É como se a outra pessoa nem existisse ou tudo o que ela fizesse não tivesse importância alguma: o que ela diz não é ouvido, o que ela comunica não é respondido ou sequer considerado. Isso desmotiva qualquer ser humano, por mais empenhado que ele esteja. Não há missão que se cumpra quando a indiferença reina na vida de uma pessoa ou de um grupo. Por essa razão, é importante que aquele que está no comando de uma empresa, um grupo ou uma equipe, dê um retorno aos que estão sob seu comando. Valorize as pessoas, reconheça seu trabalho, converse com elas, elogie-as, dê a elas um bom dia quando chegar ou acene para elas quando sair para que vejam que você as viu. A ausência de *feedback* e a falta de retorno do líder podem ser vistas como uma inadequação ou mesmo um desprezo pela pessoa e, sem essa comunicação, torna-se difícil entender o que está acontecendo, quais são as expectativas ou ainda a razão da falta de interesse pelo trabalho do funcionário. Vale reforçar que não cumprimentar as pessoas na hora que você chega ao trabalho, não olhar diretamente para os seus olhos e fingir que todos ou alguns são invisíveis é um grave erro, sobretudo quando se trata de gestores, já que pessoas desvalorizadas produzem menos e assumem menos responsabilidades.

O Papa Francisco recorda que a doença da indiferença para com os outros se revela quando cada um só pensa em si mesmo e perde a sinceridade e o calor nas relações interpessoais; quando o mais experiente não coloca o seu conhecimento a serviço dos colegas menos experientes; quando se tem conhecimento de alguma coisa e ele é guardado em vez de ser compartilhado positivamente com os outros; quando, por ciúmes ou por astúcia, sente-se alegria ao ver o outro cair, em vez de levantá-lo e encorajá-lo. Todas essas situações nocivas acontecem quando a indiferença se instala na vida pessoal ou coletiva.

"Cara fúnebre"

Com a expressão "cara fúnebre" o Papa Francisco fala daqueles que vivem com a cara fechada, aparentando tristeza, mau humor, falta de vigor e de alegria. Essas pessoas desmotivam qualquer um no ambiente de trabalho. Um líder de "cara fúnebre" dificilmente desempenhará bem o papel de liderança; um gestor com "cara fúnebre" terá dificuldade de fazer uma boa liderança de pessoas, pois dificilmente cativará os outros. Além disso, alguém com a "cara amarrada" deixa os outros apreensivos e sem iniciativa, pois é difícil de saber o que uma pessoa emburrada ou entristecida deseja.

"Cara fúnebre" é sintoma de mau humor, uma das piores pragas no local de trabalho e na igreja, e por essa razão o Papa o classifica também como doença. Além de ser altamente contagioso e se espalhar com facilidade entre os que com ele têm contato, o mau humor pode chegar a ter efeitos devastadores na produtividade de uma equipe. Vale destacar que toda pessoa tem momentos de humor ruim, mas o que se caracteriza como doença é a constância dessa condição sem motivos aparentes, como se a pessoa estivesse de mal com a vida e com o mundo. É muito desagradável trabalhar de mau humor ou com pessoas mal-humoradas. Essa atitude é prejudicial para o desenvolvimento do trabalho, cumprimento da missão e bem-estar das relações. Quando não se tem um bom relacionamento na empresa, todo o trabalho fica prejudicado, sem contar que a vida pessoal também perde qualidade. O mesmo ocorre dentro da igreja, e é por isso que o Papa Francisco tem demonstrado preocupação com os que vivem com "cara fúnebre", como se estivessem insatisfeitos ou infelizes na vocação ou na missão. Trabalhar com a "cara fúnebre" pode causar problemas com os irmãos, confrades, colaboradores e com os superiores (chefe, gerente, patrão, bispo, etc.) e até mesmo com os clientes – no caso das empresas – ou com os confrades e fiéis – no caso da igreja. A demonstração de infelicidade constante afasta as pessoas e dificulta os relacionamentos. Toda pessoa tem direito de, em algum momento, se sentir infeliz e manifestar a sua infelicidade, mas o Papa chama a atenção para os que vivem constantemente assim. Se o mau humor é algo persistente, a pessoa vai ficando cada vez mais infeliz, e esse fato contribui para o aumento do índice de erros no local de trabalho e na missão e, consequentemente, causa redução da produtividade e do aproveitamento. A situação piora quando o mal-humorado da empresa é o gestor da equipe, e no caso da Igreja, o pároco ou o bispo. No caso das empresas, é comum os profissionais terem receio de pedir sugestões e ajuda, pois têm medo de se aproximar do chefe ou dos demais superiores. Na igreja, a primeira atitude é a de distanciamento do superior mal-humorado. Alguns adotam esse perfil com a intenção de impor respeito ou demonstrar seriedade, mas essa não é uma atitude equilibrada, muito menos se essa pessoa faz parte da hierarquia da igreja. Quem age desta maneira passa uma imagem negativa para os demais colaboradores. Além disso, alguns mal-humorados não se enxergam desta maneira, o que deixa as coisas ainda mais difíceis de ser resolvidas.

O Papa Francisco recorda à Cúria Romana que a doença da "cara fúnebre", ou seja, a crença de pessoas rudes e amargas de que, para ser sério, é preciso pintar o rosto com melancolia, severidade e tratar os outros – sobretudo aqueles considerados inferiores – com dureza e arrogância. Na realidade, diz o Papa, muitas vezes a severidade teatral e o pessimismo estéril são sintomas de medo e insegurança de si mesmo. Ele recorda que o apóstolo deve esforçar-se para ser uma pessoa gentil, serena, entusiasta e alegre, que transmite alegria onde quer que esteja. Um coração cheio de Deus é um coração feliz que irradia e contagia com alegria todos aqueles que estão ao seu redor. Não foi por acaso que ele, na sua primeira Exortação Apostólica, a *Evangelii Gaudium* (*Alegria do Evangelho*), tratou desse tema, mostrando que ninguém evangeliza com a "cara fúnebre", isto é, sem alegria. Assim, o Papa pede: "Não percamos aquele espírito jubiloso, bem-humorado e até *autoirônico*, que faz de nós pessoas amáveis, mesmo nas situações difíceis". Lembra ainda do quão bem nos faz uma boa dose de humor sadio! Diz ele que "Far-nos-á muito bem recitar frequentemente a oração de São Tomás More. Eu rezo-a todos os dias; faz-me bem!".

Além dessa dica do Papa, trago outras que ajudam a contornar o mau humor no trabalho e na missão:

a) Lembre que as pessoas ao nosso redor nem sempre são as culpadas pelo nosso mau humor. Se forem, procure saber as causas e perceber que você não deve se igualar ou competir com elas. Busque ser autêntico e ter autoconfiança e autoestima.

b) Desacelere. O fato de às vezes permanecermos por muito tempo no mesmo local, e executando tarefas repetitivas, contribui para que o mau humor apareça. Se for esse seu caso, procure fazer pequenas pausas, desacelere um pouco o trabalho, faça um intervalo para o café ou dê uma pequena volta ao ar livre e depois retome o trabalho. A mudança de rotina ajuda a controlar o humor.

c) Seja mais tolerante: não podemos levar tudo a ferro e fogo. Pessoas mal-humoradas, muitas vezes, descontam seu mau humor se opondo à opinião dos colegas. Sabe o famoso "do contra"? Não seja esse tipo de pessoa. Procure ser tolerante e evite conflitos desnecessários.

d) Cuide do sono. Dormir bem ajuda a contornar o mau humor e desfazer a cara fúnebre semelhante àquela de quem passou a noite em um velório. Ninguém merece conviver com isso. Abraham Maslow coloca o sono como uma das necessidades primárias do ser humano, colocando-a na base da hierarquia de necessidades a serem supridas. É fato comprovado que dormir bem auxilia muito no combate ao mau humor. Portanto, respeite seu momento de descanso e durma bem. Isso fará com que você acorde descansado e com um humor melhor.

Acúmulo de coisas e funções

Quando assumimos muita coisa, corremos o risco de não fazer bem feito nenhuma delas, além de essa sobrecarga de atividades nos deixar sem tempo e, pior ainda, deixar-nos estressados. Há os que para mostrar serviço querem abraçar ou assumir toda atividade que aparece, mas esse não é um comportamento sadio, como não é sadio qualquer acúmulo de coisas. Quanto mais coisas acumularmos, menos tempo para os outros nós teremos, pois empregaremos muito esforço cuidando das coisas, podendo assim descuidar das pessoas. Na gestão de pessoas o descuido delas é um erro fatal. Na vida eclesial é igualmente prejudicial, pois toda pessoa consagrada se consagra a Deus para servir ao próximo. Uma pessoa consagrada que não vive para servir ao próximo não cumpre sua função, pois é no serviço aos irmãos, sobretudo aos que mais necessitam, que serve-se a Deus. O Papa Francisco alertou os membros da Cúria Romana sobre essa situação e condição de acúmulo de funções e coisas, classificando-a como a décima terceira doença na sua lista de enfermidades que atingem os clérigos. Aplico-a aqui aos gestores e dirigentes de qualquer outra empresa como um alerta para essa situação.

O Papa a classificou como *"a doença do acumular"*, ou seja, quando a pessoa procura preencher um vazio existencial no seu coração acumulando bens materiais e funções, não por necessidade, mas apenas para se sentir seguro. Na realidade, nada de material poderemos levar conosco, lembra o Papa, porque *"a mortalha não tem bolsos"*, diz ele, e todos os nossos tesouros terrenos – mesmo que sejam presentes – não poderão jamais preencher aquele vazio. Pelo contrário, torná-lo-ão cada vez mais exigente e profundo. O Papa lembra que, a estas pessoas, o Senhor repete: *"Dizes: 'Sou rico, enriqueci e nada me falta' – e não te dás conta de que és um infeliz, um miserável, um pobre, um cego, um nu (...). Sê, pois, zeloso e arrepende-te"* (Ap 3,17-19). O Papa Francisco alerta que o acúmulo apenas torna pesado e retarda inexoravelmente o caminho! E lembrou: "Vem-me ao pensamento uma anedota: outrora os jesuítas espanhóis descreviam a Companhia de Jesus como a '*cavalaria ligeira da Igreja*'. Lembro-me de um jovem jesuíta que mudava de casa e, ao carregar num caminhão os seus muitos haveres – malas, livros, objetos e presentes – ouviu um velho jesuíta, que o estava a observar, lhe dizer, com um sorriso sábio: e esta seria a '*cavalaria ligeira da Igreja*'?". As coisas que transportamos são um sinal dessa doença. Nós nos apegamos a elas porque achamos que elas nos dão segurança, mas é uma sensação falsa. Na vida religiosa isso é mais evidente, mas no mundo corporativo não é diferente. Embora o mundo geralmente secularizado das corporações e empresas apregoe que ter funções e coisas seja sinal de importância, na realidade não é bem assim. Quem alicerça sua vida em coisas e funções terá, em algum momento, grandes vazios e frustrações, porque esses elementos não nos completam de fato em nossa essência.

O dia em que descobrirmos que precisamos de muito pouco para viver bem mudará radicalmente nossa vida para melhor, pois não gastaremos tanto tempo preocupados em ter sempre mais. Perdemos muito do precioso tempo de nossa vida preocupados em gerir coisas e ambições, nos esquecemos de pessoas e, às vezes, de nós mesmos, deixando de cuidar da própria saúde, de ter momentos e dias de lazer, de viajar e de desfrutar o necessário ócio das férias. Pesquisas recentes detectaram que o clero está entre as categorias com mais pessoas acometidas de estresse. Sabem por quê? Pelo acúmulo de funções e pelo pouco tempo dedicado a si mesmo. Viver uma vida de doação é importante, mas essa vida doada precisa ter qualidade. Quem está doente ou cansado em demasia não poderá servir bem. Quem quer servir bem precisa estar bem. O equilíbrio é importante para não se estagnar em um dos extremos: nem o extremo de pensar só nos outros e esquecer de si, nem o outro lado, que é o de pensar só em si e esquecer dos outros. Essas recomendações servem para todos os gestores, sobretudo para os que se consagraram ou pensam em se consagrar ao serviço da Igreja.

Círculos fechados

A formação de grupos fechados, as chamadas "panelinhas", é algo que prejudica o desempenho conjuntural de uma empresa e da igreja. Preocupado com esse procedimento, o Papa Francisco alerta para essa característica de comportamento patológico que causa dano a pessoas e instituições. Nas empresas ou em qualquer outra corporação, esse comportamento é muito comum e de difícil combate, pois é típico do comportamento humano se acercar daqueles com os quais há certa identificação. Na empresa ou na igreja, o desafio está não em combater os grupos que se formam, mas em saber quando eles se tornam algo que prejudica a vida de pessoas e da instituição; quando esses grupos ou círculos fechados se transformam num lugar de isolamento, propício às fofocas e tramas contra outros grupos ou pessoas.

Alguns profissionais afirmam que a formação de grupos nas empresas é quase inevitável por ser uma maneira própria e natural de o ser humano se relacionar. Ao formar grupos no ambiente corporativo, a busca é por afinidades e interesses comuns, assim como ocorre noutras instituições ou na roda de amigos. Porém, no meio profissional às vezes é até necessário separar o tipo de grupo e a motivação de cada um. Por essa razão, o gestor deve saber diferenciar o grupo – no sentido de equipe – das "panelinhas", sempre vistas de maneira negativa. Se o grupo trabalha com o objetivo corporativo, em benefício de todos, ele é benéfico e deve ser apoiado. Se ele só se movimenta pela fofoca, exclui e, de certa forma, discrimina pessoas – já que para entrar é preciso se submeter à questão comum da "panelinha"– deve ser combatido porque é nocivo.

Há vários tipos de "panelinhas" e o bom gestor de pessoas saberá identificá-las e adotar a postura correta em relação a cada uma delas. Independentemente de qual é seu tipo, uma "panelinha" sempre será um "grupo fechado", como detecta o Papa Francisco. É importante que o gestor saiba que elas atuam na empresa ou na igreja como erva daninha. Vale ressaltar que uma das "panelinhas" ou "grupos fechados" mais prejudiciais é a liderada por quem pensa em galgar cargos, ser promovido, influenciar e promover o interesse próprio e egoísta para crescer na carreira.

Os membros desse tipo de "grupos fechados" tomam tais atitudes em detrimento da dedicação, formação e desenvolvimento das próprias competências. São pessoas que fazem favores, mas não de maneira natural, e prejudicam quem está fora da "panelinha", deixando escapar, propositalmente, insinuações maldosas a respeito de colegas, usando da bajulação e se colocando de maneira dissimulada diante de chefes ou superiores. Essas atitudes são perceptíveis com muita facilidade, bastando um pouco de observação por parte do gestor. Na empresa, o correto é sustentar o crescimento na carreira com ética, desenvolvendo competências profissionais e habilidades de comportamento. Na Igreja, qualquer tipo de ambição carreirista é mal vista, pois quem está na Igreja em vista de cargos não entendeu a sua essência. Daí a preocupação do Papa Francisco e a razão de ele classificar esse comportamento como doença.

O Papa afirma que participar *dos círculos fechados,* nos quais a pertença ao grupo se torna mais forte que a pertença ao todo e, no caso da Igreja, ao próprio Cristo, é sintoma de doença. Ele lembra que esta doença começa sempre com boas intenções, mas, com o passar do tempo, escraviza os membros tornando--se um cancro que ameaça a harmonia do Corpo e causa um mal imenso, especialmente aos menos favorecidos. A autodestruição, ou o "*fogo amigo*" dos companheiros de armas, é o perigo mais insidioso desse tipo de procedimento, lembra o Papa; é o mal que fere a partir de dentro e, como diz Cristo, "todo o reino dividido contra si mesmo será devastado" (Lc 11,17), conclui ao falar dessa modalidade de doença que atinge a igreja e outras empresas. Esse tipo de comportamento não soma, mas divide as forças, e uma empresa com forças divididas se enfraquece e não consegue enfrentar os desafios e a concorrência do mercado. Vemos, assim, quão danosas são as "panelinhas" ou os grupos fechados dentro de empresas e igrejas.

Para evitar esse tipo de "doença" é preciso promover uma conversa aberta dentro da organização, um diálogo sincero a ponto de as pessoas poderem falar de assuntos delicados e desconfortáveis com a tranquilidade de que não serão julgadas. Para tanto, é preciso maturidade, sobretudo do gestor que fará a mediação dessa conversa. Nesse momento, motive o companheirismo e a cooperação entre os colegas, tendo em vista o cumprimento da missão e dos valores da empresa, da qual cada colaborador deve se sentir parte. Deixe claro a todos quais são seus papéis, função ou missão. Que você, como gestor, saiba inspirar respeito nos demais colaboradores, busque aprender sempre, sobretudo com essas situações, se cuidando para não ser cooptado por elas e acabar fazendo parte também de um círculo fechado. O bom exemplo do gestor é fundamental nessas situações.

Lucro mundano e exibicionismo

Por fim, o Papa trata do lucro mundano e do exibicionismo, dois comportamentos que andam juntos e que merecem atenção e cuidado, pois são tão nocivos quanto os demais anteriormente citados.

De acordo com o Papa Francisco, a *doença do lucro mundano, dos exibicionismos,* é manifestada pela pessoa que transforma o seu serviço em poder, e o seu poder em mercadoria, para obter lucros mundanos ou mais poder. É, portanto, a doença das pessoas que procuram insaciavelmente multiplicar o seu poder e, para isso, são capazes de caluniar, difamar e desacreditar os outros, inclusive nos meios de comunicação, como, por exemplo, nas redes sociais, nos jornais e revistas; e isso é feito naturalmente para se exibir e demonstrar que são mais capazes do que os demais. O Papa lembra também que esta doença faz muito mal ao corpo, porque leva as pessoas a justificar o uso de todo e qualquer meio contanto que alcancem tal fim, muitas vezes em nome da justiça e da transparência! Concluindo, ele diz: "Isto me faz recordar um sacerdote que chamava os jornalistas para lhes contar – e inventar – coisas privadas e confidenciais dos seus confrades e paroquianos. Para ele, importava apenas aparecer nas primeiras páginas, porque deste modo sentia-se '*forte e fascinante*', causando muito mal aos outros e à Igreja".

Assim, o Papa termina esta lista das quinze enfermidades dizendo que "naturalmente todas estas doenças e tentações são um perigo para todo o cristão e para cada cúria, comunidade, congregação, paróquia, movimento eclesial, e podem atingir tanto o nível individual quanto o comunitário". Aplicando essa constatação às realidades das demais empresas, lembramos que pessoas acometidas dessas doenças fazem muito mal aos colegas e à instituição onde trabalham. Essas, em nome do lucro ou para aparecer, não medem as consequências de seus atos. Quem está na gestão de pessoas percebe esse comportamento porque essa doença tem sintomas muito evidentes, os quais, uma vez constatados, precisam ser combatidos.

A ganância pelo lucro e o exibicionismo são sentimentos que fazem com que a pessoa queira ter sempre mais, sem se importar com o que será preciso fazer para conquistar o que deseja. Os acometidos dessa doença não se contentam em ter uma vida confortável, eles querem ter o maior número possível de posses, incluindo prestígio e visibilidade. Ter que lidar com pessoas que agem dessa forma pode ser um desafio, contudo, é possível evitar que as atitudes delas te atinjam e atinjam a empresa. Se elas estiverem sob sua responsabilidade, o primeiro passo é uma boa conversa em particular. Caso não seja você o responsável, mantenha uma distância saudável e necessária e deixe que a vida se encarregue de ensinar as lições que elas precisam aprender.

Como identificar pessoas gananciosas, que buscam apenas o lucro mundano e o exibicionismo? Para identificar pessoas acometidas dessa patologia, indico a seguir as características mais comuns que elas apresentam: geralmente querem tudo o que outras pessoas têm, mesmo que não haja nenhuma ligação com suas aptidões e gostos pessoais; fazem o que for preciso para ter o que desejam, mesmo que seja necessário recorrer a meios ilícitos ou desleais; geralmente, não possuem postura ética e agem de forma maquiavélica, pois acreditam que os fins sempre justificam os meios; acreditam que são superiores às outras pessoas e fazem questão de demonstrar isso em suas palavras e atitudes; não se sentem culpadas pelo que fazem para atingir os seus objetivos; nunca estão satisfeitas com o que têm e sempre querem mais; são vingativas e não costumam perdoar quando alguém tenta impedir que consigam o que querem; acreditam que podem comprar o que quiserem, sejam coisas ou pessoas; são extremamente desconfiadas e sempre acham que há algum interesse por trás das atitudes dos outros; costumam ser sozinhas, já que sua ganância destrói as relações que têm; quando percebem que são amadas por alguém, fazem de tudo para obter o máximo de vantagem possível desse sentimento. Infelizmente existem pessoas que vivem dessa forma, mas o gestor deve considerar que há uma razão para que tenham esse tipo de atitude, e uma delas é que essas pessoas são doentes; elas precisam de ajuda. No entanto, a intenção não é justificar comportamentos negativos alegando doença, mas sim ter uma visão mais compreensiva, até mesmo para buscar entender qual é a razão para alguém ser tão ganancioso. O gestor de pessoas precisa estar atento também para esses tipos patológicos que se encontram no mundo corporativo e nas igrejas.

    Essas são, portanto, as quinze doenças sobre as quais o Papa Francisco alerta a Igreja e que aqui eu aplico a outros empreendimentos. Estar atento a elas ajuda muito na gestão de pessoas.

4
As sete lições do bambu: a sabedoria da natureza aplicada à gestão de pessoas

Quando observamos uma moita de bambu permanecer incólume depois de uma tempestade, ficamos intrigados sobre como ela resiste e não se quebra como acontece com grandes árvores depois de vendavais. Sabem por que isso ocorre? Porque as grandes árvores geralmente enfrentam as tempestades, já o bambu se curva diante delas, ou seja, tem flexibilidade. Há também outros fatores que fazem o bambu ser resistente, como veremos a seguir, mas esse dado inicial da flexibilidade já é uma amostra das lições importantes que podemos extrair da natureza para a vida pessoal e empresarial, sobretudo, para os planejamentos que fazemos na vida e na empresa que gerimos. Um planejamento sem flexibilidade se quebra diante dos grandes desafios e das mudanças que comumente ocorrem sem previsão.

Por essa razão, trago aqui as sete lições do bambu para explicar a necessidade de sermos flexíveis nos nossos empreendimentos e planejamentos e não ficarmos engessados ou rígidos diante das necessidades de mudanças e adaptações que, ocasionalmente, precisam ser feitas.

Veja as lições do bambu e compare-as com os seus planos e empreendimentos pessoais e corporativos. Elas poderão ajudar muito na gestão de um planejamento, bem como na gestão da sua vida pessoal e da sua empresa.

1ª lição: ter humildade

Já tratamos sobre humildade anteriormente, sobretudo quando falamos sobre planejamento pessoal. Humildade não significa ausência total de ousadia ou de coragem, mas de saber que às vezes é preciso mudar de ideia, de rumo e até se curvar diante de certas situações. Enfrentar tudo e todos pode parecer interessante na teoria, porém, na prática sabemos que não é bem assim. Qualquer pessoa em sã consciência sabe que bater de frente em certas situações poderá nos fragmentar e até destruir nossos planos e planejamentos. O bambu nos ensina que a humildade diante dos problemas e dificuldades é algo muito importante, já que essas intempéries fogem ao nosso controle.

Diante da força descomunal da natureza, enfrentar uma tempestade pode ser um propósito de loucos. O bambu não tenta resistir a essa força e por isso se curva diante dela, inclinando-se até o chão. Quando a tempestade passa, ele se reergue e volta a ficar ereto e exuberante, mirando o alto, porém, sempre balançando de acordo com o vento, demonstrando a sua flexibilidade e adaptação à realidade.

Há problemas e dificuldades diante dos quais não podemos nos curvar, mas há outros que exigem maior resignação. Espiritualmente falando, quando nos curvamos diante de Deus e de suas vontades, ele nos concede forças para nos reerguermos e enfrentar os desafios e problemas que são passíveis de serem solucionados. Destaco que humildade não é sinônimo de fraqueza, covardia ou medo, mas de consciência sobre os nossos limites. Observem que os grandes empreendedores são geralmente pessoas humildes. Alguns têm origem humilde e mantém esse valor mesmo depois de terem alcançado o êxito profissional. Esse procedimento ajuda nas adaptações não apenas durante o processo de crescimento, mas, sobretudo, depois de grande, pois se faltar humildade há possibilidade de quebra, como quebram, durante as tempestades, as árvores enrijecidas.

2ª lição: estar bem fundamentado

Todo plano de ação precisa estar bem fundamentado, alicerçado em bons argumentos e em bons referenciais teóricos, sejam planos pessoais ou empresariais. Na metáfora do bambu, isso se revela em suas raízes profundas. São elas que o ajudam a permanecer firme diante das tempestades. É muito difícil arrancar um bambu, pois dizem que o mesmo crescimento que ele realiza para cima também é realizado para baixo. Trata-se do ensinamento de que precisamos solidificar muito bem nossos planejamentos, de modo que eles ofereçam argumentos consistentes e razões para sua existência. No âmbito espiritual, o bambu lembra que precisamos aprofundar a cada dia mais nossas raízes em Deus e na oração. Vivemos em um mundo de instabilidades e mudanças constantes, o qual foi classificado pelo sociólogo polonês Zygmunt Bauman como *mundo líquido*. Neste contexto, quem tem raízes e valoriza tradições demonstra valores importantíssimos. Um bom gestor ou empreendedor não pode entrar na dinâmica do descartável e dos "valores" efêmeros. Há, sim, muitas coisas descartáveis, das quais precisamos nos livrar, mas precisamos também ter valores sólidos, ou seja, raízes profundas. É isso que fará com que sejamos empreendedores diferentes neste mundo de coisas descartáveis. Ter valores éticos e espirituais faz com que o gestor ou empreendedor tenha um terreno fértil para lançar suas raízes que se aprofundarão em solo fecundo. Lembro aqui a expressão do profeta Jeremias (Jr 17,8), que diz que a pessoa que confia em Deus é como a árvore plantada à beira d'água: ela solta raízes em direção ao rio e por isso não teme o calor e nem os períodos de estiagem, tendo suas folhas sempre verdes e sem parar de produzir frutos. Nas últimas décadas fala-se muito em crise. A crise atinge aqueles que não têm suas raízes profundas ou não estão à beira de mananciais, pois, em tempos de estiagem, são os primeiros a sentirem os efeitos da seca. O Salmo 1 reforça essa imagem da árvore plantada à beira d'água, que dá frutos no tempo propício e suas folhas nunca murcham, dizendo que quem está assim plantado é bem-sucedido em tudo o que faz. Assim, o bambu, isto é, a natureza, nos ensina o valor das raízes, a importância de se estar bem fundamentado, amparado e estabelecido em um lugar adequado, favorável ou estratégico. Um gestor empreendedor precisa estar atento a esses ensinamentos para desenvolver bem seus projetos e empreendimentos.

3ª lição: trabalhar em equipe

A visão que boa parte das pessoas tem é a de que um planejamento pessoal é feito individualmente, porém não deveria ser assim. Mesmo sendo um projeto pessoal, cujo comando pertence à pessoa que planeja, são necessárias outras pessoas e algumas circunstâncias favoráveis para que ele se concretize. Se tal dimensão coletiva já se mostra importante em um plano pessoal, relevância muito maior ela terá em um planejamento empresarial, o qual precisa ser feito em equipe, em parceria, com a ajuda e participação de muitas outras pessoas. Essa é outra lição que o bambu nos dá já que, na natureza, nunca encontramos um bambu sozinho, mas sempre um bambuzal. Um plano sempre nasce da ideia de uma pessoa, mas ele só se concretiza e dá resultados se for feito e gerido em equipe. No caso do bambu, antes de crescer ele permite que nasçam outros a seu lado, como deve ser no cooperativismo ou no mundo eclesial. Nós, como gestores de pessoas, sabemos ou deveríamos saber que vamos precisar dos outros. Os bambus crescem em moita, e eles estão sempre colados uns nos outros, tanto que, para quem os vê de longe, aparentam ser uma única árvore. Se tentarmos arrancar um bambu, nos cortaremos e não conseguiremos, pois eles estão entrelaçados de tal modo que formam uma unidade quase indivisível. Eles crescem e se fortalecem em conjunto. Assim deve ser todo planejamento.

Além dessa lição, vale também olhar para outros elementos da natureza, como, por exemplo, os animais. Os animais mais frágeis vivem em bandos, para que desse modo se livrem dos predadores. Os gansos voam em bando e mantêm um plano de voo que os fazem atingir a meta em longa distância. Trabalhar em equipe é uma lição da natureza que não podemos ignorar se queremos êxito nas nossas missões.

4ª lição: desapegar-se

O termo "desapego", aqui, é usado no sentido de não criar galhos. Como vimos antes, o bambu, como tem a meta no alto e vive em moitas (comunidade), crescendo em equipe, não pode criar galhos, os quais poderiam ser um obstáculo para atingir a altura padrão. Quem quer crescer nos seus empreendimentos também não pode "criar galhos" e precisa aparar arestas. Nós perdemos muito tempo na vida tentando proteger nossos galhos, ou seja, coisas que são muitas vezes insignificantes, mas às quais damos um valor exacerbado. É bom saber que para ganhar é preciso, muitas vezes, perder tudo aquilo que nos impede de subirmos suavemente. Veja que outras plantas, por exemplo, só crescem e produzem através de podas. Em um processo de gestão e de planejamento, é preciso estar atento a esses "galhos" que podem aparecer e atrapalhar o crescimento. No senso comum há uma expressão, oriunda da sabedoria popular, que é "quebrar galho", que significa uma ajuda momentânea, parcial, provisória ou mesmo uma forma de remediar uma situação. É preciso, então, quebrar os galhos, podar a situação para que ela cresça e frutifique. Essa linguagem figurada expressa também o desapego. Quando nos apegamos a muitas coisas, aos "galhos" que produzimos, prejudicamos nosso crescimento ou o desenvolvimento de um projeto. Desapegar não é algo fácil, mas muitas vezes é necessário. O bambu naturalmente não cria galhos e, por isso, nos ensina essa lição. É muito mais fácil crescer e atingir as alturas sem galhos porque toda a força e energia serão concentradas para o crescimento em um único sentido. Com galhos, as forças e as energias precisam se distribuir entre as ramificações e, assim, o crescimento é mais lento e, às vezes, inexistente. Diferentemente das raízes, os galhos podem atrapalhar. Verifique quais são seus "galhos" e procure podá-los. Será doloroso, mas haverá crescimento.

5ª lição: aprender com os obstáculos

Não há nenhuma gestão que não tenha problemas a serem resolvidos. Os problemas e as dificuldades existem por toda parte. Uma vida pessoal e profissional isenta deles é utopia. Por essa razão, lembre-se que, apesar de sempre existirem, os problemas podem ser solucionados e resolvidos. Assim, o mais importante é enxergar neles uma oportunidade de superação e de fortalecimento, tal como fazem os atletas que, para superar os limites e baterem seus próprios recordes, treinam superando obstáculos.

A respeito disso, o bambu também tem algo a nos ensinar. A cada palmo de sua extensão, o bambu tem um nó, compondo-se como uma sucessão de gomos ocos intercalados e fortalecidos por nós rígidos. Se o bambu crescesse sem os nós, ele seria muito fraco e se quebraria com qualquer vento, ou seja, os nós são necessários. Na vida acontece o mesmo: as dificuldades são necessárias para crescermos fortalecidos. Pais que querem proteger a todo custo os filhos das dificuldades criam filhos extremamente sensíveis, incapazes de lidar com as dificuldades e que sucumbem diante de qualquer obstáculo da vida. Os nossos nós, então, são os problemas e as dificuldades que superamos. Os nós são também as pessoas que nos ajudam, aqueles que estão próximos e acabam sendo força nos momentos difíceis. No âmbito da espiritualidade, não devemos pedir a Deus que nos afaste dos problemas e dos sofrimentos, mas que Ele nos capacite a lidar com eles com sabedoria e nos dê força para superá-los. Os "nós" da vida ou dos nossos empreendimentos serão nossos melhores professores, se soubermos aprender com eles. O bambu não teria a mesma resistência se não fosse pelos seus nós. Ele nos ensina também que precisamos ser mais "nós" do que "eus", afinal, juntos somos mais fortes!

6ª lição: esvaziar-se

Durante o processo de qualquer tipo de gestão, seja ela pessoal ou empresarial, é preciso, ocasionalmente, esvaziar-se de certas coisas para dar lugar a outras mais relevantes ou mesmo para se desobstruir de procedimentos que impedem o bom desenvolvimento de um trabalho. Veja, por exemplo, um aparelho de computador ou telefone celular. Se nós baixarmos muitos programas, muitos aplicativos ou carregarmos a memória desses aparelhos com muitas imagens e filmes, eles ficarão lentos e não responderão mais com a mesma rapidez aos nossos comandos, podendo até mesmo travar e não responder mais. Nesse caso, os técnicos recomendam uma varredura e um esvaziamento dos programas desnecessários que estão ali apenas ocupando espaço na memória e dificultando o seu bom desempenho. Se você quer que seu aparelho tenha um bom desempenho, é preciso limpá-lo ou esvaziá-lo de muitas coisas que estão ali, as quais são de pouco uso ou praticamente inúteis. Assim também acontece na vida e no processo de gestão pessoal e profissional. Se não fizermos, de vez em quando, uma limpeza, e não priorizarmos ações que são necessárias, ficaremos sobrecarregados, lentos e ineficazes, pois não daremos conta dos nossos empreendimentos. Precisamos focar naquilo que é necessário, essencial para o desenvolvimento de um projeto, e esse esvaziamento das coisas vãs e secundárias é um procedimento importante para isso. Caso contrário, truncaremos nossas ações, perderemos tempo e nos desgastaremos com coisas desnecessárias e irrelevantes. Vejamos, portanto, o caso do bambu e a sexta lição que ele nos ensina.

O bambu é oco, vazio de si mesmo, e isso possibilita que ele cresça com mais rapidez, atingindo alturas descomunais. Uma planta de madeira maciça leva muito mais tempo para crescer e se tornar uma grande árvore. Se você deseja crescer na vida pessoal e profissional, e crescer com rapidez, se desprenda e se esvazie daquilo que não tem importância, dando espaço para o que realmente vale a pena. Esse esvaziamento de nós mesmos é um dos esvaziamentos mais difíceis. Em teologia chamamos isso de *kenosis*, que é o esvaziamento da vontade própria e a aceitação da vontade de Deus, exercício comumente praticado na vida monástica. Esse esvaziamento teológico é encontrado no Novo Testamento, no esvaziamento de Jesus para fazer a vontade do Pai e se aproximar da humanidade ou do ser humano (Fl 2,5-7), tornando-se um de nós, exceto no pecado (Hb 4,15). Aplicar a *teologia do esvaziamento* à vida significa tirar do nosso coração e da nossa mente tudo aquilo que nos prende às coisas do mundo. Esse processo é lento e doloroso, mas necessário para o desapego das coisas efêmeras. Nesse sentido, enquanto não nos esvaziarmos de tudo aquilo que nos preenche, que rouba nosso tempo, que tira nossa paz, nós não seremos verdadeiramente felizes e nem realizaremos por completo nossos projetos, pois sempre restará aquela sensação de que algo nos falta. Assim, o bambu nos mostra nesta lição que ser oco significa estar pronto para receber coisas novas. Em gestão, inovação não é apenas uma palavra da moda, mas uma necessidade para se adaptar à realidade e participar com capacidade e com eficiência do concorrido mercado de trabalho, no qual quem não se atualiza, inova e se renova, fica para trás. Porém, essa renovação só se dará se conseguirmos nos desvencilhar de coisas velhas, de procedimentos arcaicos e ultrapassados, de ações que já não respondem mais às demandas do mundo atual. Essa é, portanto, a sexta lição do bambu.

7ª lição: buscar as coisas do alto

A sétima lição que o bambu nos dá é que ele só cresce para o alto. Ele busca as coisas do alto. Não podemos, de antemão, deixar de fazer aqui uma referência teológica, em uma alusão direta à *Carta de Paulo aos Colossenses* (Cl 3,1-2), em que encontramos a recomendação para pensarmos e buscarmos as coisas do alto. No sentido teológico, buscar as coisas do alto significa buscar as coisas de Deus e não se prender apenas às coisas do mundo. Parece contraditório aplicar isso ao mundo corporativo, imanente, mas não é bem assim. O mundo corporativo precisa também ter valores verdadeiros. Quem tem ações vis não cresce nem como pessoa nem como empreendedor. Em uma sociedade ética, buscar os verdadeiros valores, coisas nobres, ou "do alto", é um procedimento básico. Para quem tem integridade e ética não é suficiente ter dinheiro e bens materiais, é preciso também ter outros valores, aqueles que o dinheiro não compra; os valores que os ladrões não roubam nem as traças corroem (Mt 6,19-21). No âmbito da gestão pessoal e profissional, buscar as coisas do alto é também sonhar alto, sonhar grande, ter projetos ousados que busquem fazer a diferença no mundo. Um gestor de empresas que não visa o desenvolvimento dos empreendimentos não serve para essa função, pois levará a empresa e ele mesmo ao fracasso. Veja o exemplo dos grandes empreendedores do nosso país e do mundo. Eles tiveram grandes sonhos, se empenharam, fizeram esses sonhos se tornarem realidade e, por isso, alcançaram êxito como gestores ou empresários. Buscar as coisas do alto é também ter ousadia, não se acomodando na mesmice ou em um campo reduzido de ações. O bambu é símbolo de ousadia, pois não está limitado a rastejar pelo chão. Ele cresce para o alto como se quisesse alcançar as nuvens do céu. Como gestor e empreendedor, tenha metas altas e se empenhe para realizá-las, levando em conta as lições anteriores.

5
Abraham Maslow e a hierarquia de necessidades na gestão de pessoas

Abraham Maslow foi um psicólogo americano, considerado "pai" da Psicologia Humanista, que viveu entre os anos de 1908 e 1970, nos Estados Unidos, e que trouxe grande contribuição para a gestão de pessoas, com uma de suas teorias mais famosas, a da *hierarquia de necessidades* do ser humano, mais conhecida como a "pirâmide de Maslow". Essa teoria abriu espaço para a psicologia do trabalho e se tornou ferramenta elementar nas empresas, sobretudo na gestão de pessoas. Conhecer essas necessidades é fundamental para os que atuam na gestão de pessoas, e, em razão disso, abordo aqui algumas dessas necessidades, na ordem em que Maslow as coloca na pirâmide, de modo que os gestores as conheçam e, assim, conheçam também as suas necessidades e as das pessoas geridas, ajudando-as a supri-las a fim de que colaborem com mais eficácia na função ou missão que desempenham.

Maslow defendia a tese de que os seres humanos têm necessidades estruturadas e de que o nosso bem-estar está condicionado à satisfação dessas necessidades. Quanto mais uma pessoa satisfaz as suas necessidades, na ordem em que elas se encontram nesta pirâmide, mais ela está propensa à sua realização pessoal. E uma pessoa bem realizada, satisfeita nessas necessidades, desempenha melhor sua função e missão e, consequentemente, é mais feliz. Saber sobre isso e ajudar nesta realização é muito valioso na gestão de pessoas. Vamos então à hierarquia das necessidades, que se dividem em primárias e secundárias.

Necessidades primárias

Trata-se daquelas que, como o próprio nome diz, são as primeiras, as elementares, e sem satisfazê-las a pessoa não consegue desempenhar bem nenhuma função. Dentre elas estão as necessidades fisiológicas, como, por exemplo, respirar, comer, beber água, dormir, fazer sexo, etc.

Você já prestou atenção nessas suas necessidades? Elas estão todas satisfeitas? E a de seus colaboradores, você já parou para pensar se elas estão sendo satisfeitas e se a razão de seu pouco desempenho, ou de sua insatisfação no trabalho e nas relações com os colegas, não está diretamente ligada a algumas dessas carências? Em certas necessidades primárias, como respirar, comer, beber água e evacuar, nem é preciso prestar atenção para saber quando elas precisam ser supridas porque as sentimos de modo latente e, dependendo da sua intensidade, não podemos esperar. Mas há outras, igualmente primárias, que não são tão perceptíveis assim, mas que interferem diretamente na vida pessoal e profissional, como, por exemplo, o sono e o sexo.

Uma pessoa com *deficit* de sono vai desenvolver certos comportamentos que vão interferir diretamente no seu trabalho e nas suas relações. Ter uma boa noite de sono é fundamental para ter um dia produtivo. Seis a oito horas são necessárias para que o organismo se recupere e responda com eficiência aos comandos das atividades. É preciso considerar também a influência do sono no humor e na atenção. Uma pessoa sonolenta corre mais risco de ter acidentes de trabalho, e por isso há empresas que possibilitam que seus colaboradores tirem alguns minutos de sono após almoçar, uma prática cujo benefício de recuperação das energias para o trabalho no período da tarde já foi comprovado. Empresas que esgotam seus funcionários, dificultando que eles satisfaçam essa necessidade, têm mais problemas com o rendimento deles, além de um maior índice de acidentes de trabalho. Dormir para suprir a necessidade primária de sono não é perda de tempo, é ganho de tempo e de qualidade. Na Igreja, entre os padres, essa prática é levada a sério pela maioria. Um padre, gestor de pessoas, para atender bem seus fiéis, ouvi-los e ajudá-los, precisa estar bem, descansado, com o sono em dia. O cuidado com essa necessidade primária vale para todos. Por essa razão, dormir sempre no mesmo horário, que seja adequado e supra a necessidade de sono, é um ato de quem sabe se autogerir. Com o advento dos meios de comunicação, da internet, e, sobretudo, com o avanço da tecnologia dos aparelhos celulares e seus infindos recursos e redes sociais, muitos avançam noite adentro sem perceber que seu sono está sendo prejudicado. No dia seguinte têm dificuldades em acordar, além de sentirem sono durante o expediente de trabalho.

Outra necessidade primária é a sexual. Abraham Maslow não se refere simplesmente à prática do ato sexual, mas a estar bem com a sexualidade, com domínio de si e dessa necessidade fisiológica tão influente no comportamento humano. Maslow diz que o sexo pode ser estudado como uma necessidade puramente fisiológica, ainda que o comportamento sexual do ser humano não seja determinado apenas pelas necessidades sexuais literais, mas também por outras necessidades a ela relacionadas, como, por exemplo, o amor e o carinho, que são elementos muito importantes na vida de qualquer pessoa. Por exemplo, uma pessoa que não se sente amada pelo seu cônjuge e não recebe carinho vai se entristecendo e se desencantando com a vida. Existe até uma expressão muito usada pelo senso comum atribuída a pessoas que respondem a outras com grosseria ou que estão constantemente revoltadas, como sendo pessoas "mal-amadas". Uma pessoa insatisfeita na vida conjugal ou com carência sexual dificilmente ficará bem consigo e, consequentemente, não ficará bem com os demais, mostrando-se mal-humorada, insatisfeita ou descontente com a vida (trabalho, relações, situações, etc.), transparecendo, assim, amargura e revolta. Por essa razão, Maslow coloca o sexo como uma necessidade primária.

Como fica a satisfação dessa necessidade para os que optam pela vida religiosa, celibatária, como, por exemplo, padres, freiras, pessoas consagradas com voto de castidade? Essas pessoas são infelizes por causa disso? Claro que não. Como já foi dito, necessidade sexual não é apenas necessidade de prática do ato sexual, mas de viver plenamente a sexualidade, recebendo amor, carinho, atenção e outros sentimentos que estão relacionados direta ou indiretamente com a sexualidade. É por meio dessas outras práticas que as pessoas celibatárias vivem sua sexualidade e lidam com ela. Se não fosse assim, seriam todas mal-humoradas ou tristes, o que não faria sentido, já que escolhem essa vida porque querem vivê-la e se sentem bem assim. Maslow deixa isso bem claro e mostra a complexidade desse campo que Sigmund Freud colocou como a base de todo o comportamento humano. Quando um colaborador transparece constante amargura e desencanto com tudo e com todos, talvez o problema esteja no fato de ele não ter suprida essa necessidade em sua vida, e essa carência poderá acarretar problemas mais sérios, tanto na sua vida pessoal quanto profissional. Uma pessoa que não se sente amada poderá ficar deprimida, e a depressão, além de ser grave, é a porta de acesso a outras enfermidades, afetando diretamente os relacionamentos. Toda pessoa precisa de amor: amor da pessoa amada; amor da família e na família; se não amor, pelo menos atenção, carinho e reconhecimento dos colegas de trabalho; atenção e valorização dos seus superiores e chefes. Pode soar um tanto quanto utópico falar dessa amplitude da necessidade sexual, mas sem supri-las, sobretudo no tocante ao amor e ao carinho, a vida não desabrocha e perde o brilho. Quando uma pessoa se sente amada ela mostra isso no seu semblante, na sua voz, no seu comportamento, nas suas perspectivas de vida, e isso faz toda diferença na sua vida pessoal, religiosa e profissional. Todas essas situações estão relacionadas direta ou indiretamente com a necessidade sexual da qual fala Abraham Maslow.

O mesmo vale para o suprimento das outras necessidades primárias que precisam ser satisfeitas para que uma pessoa desenvolva bem sua missão ou profissão, como, por exemplo, a fome. Ninguém consegue desempenhar bem uma função com fome. Por essa razão, cuide para que seus colaboradores se alimentem adequadamente durante o período de trabalho, com intervalos adequados para lanches e almoço/jantar. Fiquem atentos se em casa eles estão se alimentando bem ou se não estão tendo condições para isso. Embora um trabalhador passe a maior parte do tempo no trabalho, no pouco tempo que lhe resta em casa, seja nos finais de semana, feriados e férias, ele precisa se alimentar adequadamente. Uma empresa que paga um salário injusto aos seus funcionários não pode esperar que estes tenham uma boa alimentação e respondam com eficácia às tarefas que lhes são propostas. Estar atento a essa necessidade ajuda a gerir melhor as pessoas para que elas tenham melhores resultados nos seus trabalhos. Essa não é uma necessidade secundária, mas primária; portanto, descuidar dela é também um erro primário de gestão.

Necessidades secundárias

Necessidades secundárias não representam demandas que não carecem de atenção e satisfação, mas sim que, quando comparadas às primárias, podem vir em segundo plano. Se sem satisfazer as necessidades primárias a pessoa não consegue dar o passo seguinte, sem as secundárias, ela não deixa de desenvolver suas atividades pessoais e profissionais, mas a qualidade das suas ações e, consequentemente, da sua de vida não atinge o nível máximo. Na gestão de pessoas, é importante que o gestor esteja atento também a elas e busque ajudar de alguma forma.

a. **Necessidades de segurança**

Dentro da lista de necessidades secundárias damos continuidade à "pirâmide de Maslow", colocando em seguida a necessidade de segurança. Há quem a coloque junto com as necessidades primárias, mas como ela não é fisiológica, pode muito bem estar entre as necessidades secundárias. Dentro desse grupo, porém, ela ocupa o primeiro lugar. Mas como

Maslow define essa necessidade? A resposta também é ampla e vai desde a segurança física até a segurança psicológica. Uma das dimensões da segurança física é a da segurança no trabalho. Não é por acaso que a legislação de segurança no trabalho obriga as empresas a oferecer ferramentas e instrumentos de segurança para os seus funcionários. Vejam, por exemplo, os trabalhadores da construção civil, que precisam de instrumentos de segurança, pois trabalham em área e situações com iminentes riscos de acidente. Isso vale para qualquer empresa, em qualquer setor, mesmo quando o perigo para o trabalhador é mínimo. De acordo com cada profissão há que se estar atento às necessidades de segurança. Desse modo, o gestor deve elaborar, implementar, acompanhar e avaliar ações visando a saúde e segurança dos seus colaboradores. Esse procedimento é uma obrigação, e entre essas obrigações relacionadas à segurança no trabalho estão os cuidados com equipamentos de proteção individual e coletiva.

Essas medidas oferecem segurança ao trabalhador, ao gestor e ao patrão, uma vez que acidentes de trabalho são causas comuns de licença e afastamento de funcionários das suas funções. Além do prejuízo ético que um acidente de trabalho causa, há também o prejuízo econômico para a instituição. Empresas onde ocorrem muitos acidentes de trabalho não são bem vistas, perdendo credibilidade e espaço no mercado, o que resulta também em prejuízo financeiro. Além disso, o colaborador que atua sem os devidos equipamentos de segurança se sente de fato inseguro no exercício da função e, se sentindo assim, não realiza o trabalho com o máximo de aproveitamento, o que também contribui para a queda da lucratividade.

Além da segurança física, há outro tipo de segurança que precisa ser levado em consideração. Refiro-me à segurança psicológica, que tem estreita relação com a anterior, mas que a ultrapassa, englobando outros níveis de seguridade como: segurança no emprego; segurança pessoal, quando a pessoa se sente protegida da violência; segurança do corpo e da saúde; segurança da família; segurança da propriedade, entre outros. Exemplifico alguns deles a título de elucidação para levar os gestores a ficarem atentos a essa necessidade que oscila entre ser primária ou secundária.

Recordo-me que em uma de minhas palestras sobre a hierarquia de necessidades de Abraham Maslow, depois que tratei dessa necessidade específica de segurança, uma pessoa da plateia me procurou no intervalo e relatou sua extrema carência de segurança, tanto no trabalho quanto na família, passando necessariamente por sua vida pessoal. Ela disse trabalhar próximo a uma comunidade com alto índice de violência no Rio de Janeiro, onde já havia sido alvo de roubos e assaltos várias vezes e presenciado a morte de um colega, vítima de uma dessas ocorrências. Ela tinha muito medo de trabalhar no local, mas não tinha muitas opções, a não ser mudar de trabalho, algo que não podia fazer naquele momento em que as estatísticas revelavam alarmantes índices de desemprego. Ela se sentia insegura na empresa, por medo da violência, e, ao mesmo tempo, insegura em relação ao emprego, pois não tinha condições de ficar sem o trabalho, sentindo-se insegura também em fazer algumas exigências. A necessidade de segurança pessoal e profissional interferia diretamente na sua vida pessoal e no seu desempenho no trabalho. Mostrava ser uma pessoa retraída, insegura no relacionamento com os clientes, dizendo desconfiar de cada desconhecido, pois imaginava que poderia ser um assaltante em potencial. O estresse que passava no trabalho já estava afetando sua saúde e interferindo na sua vida familiar. Nesse caso, a situação poderia ser resolvida, ou pelo menos amenizada, com reforço no sistema de segurança, contratação de vigias, instalação de mais câmeras de vigilância, alarmes e outras ferramentas que pudessem pelo menos oferecer uma maior sensação de vigilância. Se esses investimentos fossem feitos, essa colaboradora desempenharia melhor sua função, pois, além de se sentir mais valorizada, se sentiria mais segura, o que faria muita diferença no trabalho.

A instabilidade no emprego é outro fator de insegurança. Não é por acaso que muitos almejam a aprovação em concursos públicos, porque o emprego no setor público até o presente momento ainda oferece certa estabilidade, e isso gera segurança. No entanto, quanto maior o índice de desemprego, maior é a insegurança, pois o mercado de trabalho segue a lógica do mercado de bens de consumo, ou seja, a lei da oferta e da procura: quanto mais desempregados houver no mercado, maior será a disputa por uma vaga. Nessas circunstâncias, quando um funcionário é demitido, há mais de dez esperando o seu lugar, e às vezes com qualificações iguais ou melhores, aceitando salários mais baixos. Essa competitividade gera insegurança, e essa insegurança também pode afetar a vida pessoal e profissional. Nesse caso, o gestor deverá estar atento e ajudar o colaborador a se sentir mais confiante e atuar com mais desenvoltura, sem se deixar tolher pelo medo de perder o emprego ou do rebaixamento de cargos e funções. Aproveitar dessa situação para pressionar o colaborador não é o melhor procedimento. Além de ser uma atitude desumana e antiética, esse procedimento pouco profissional tende a prejudicar ambas as partes.

Outros estados de segurança que também fazem parte da necessidade humana e para os quais o empregador, ou gestor, precisa se atentar são a segurança da família e da moradia ou propriedade. Preocupar-se com a família dos colaboradores e saber onde e como eles vivem não é invasão de privacidade, mas atenção à satisfação dessa necessidade tão importante na vida de qualquer pessoa. Quando uma pessoa não tem satisfeitas essas necessidades de segurança familiar e de propriedade, sobretudo quando se trata de casa própria, essa carência irá também interferir na sua vida profissional. Relacionados a essas necessidades estão o salário que a pessoa recebe na empresa; as gratificações ou bonificações; os aumentos salariais ou o seu contrário, o congelamento salarial, entre outros fatores. Se o que a pessoa ganha não lhe permite suprir essas necessidades, ela manifestará de alguma forma essa carência. Se o empregador ou gestor puder contribuir para diminuir ou dirimir essa carência, ajudando a suprir tais necessidades, ele estará investindo na vida de seu colaborador e em sua empresa, obtendo retorno disso de alguma forma. Morar em condições subumanas e ter uma família problemática são questões que também dizem respeito ao gestor de pessoas e ao empregador. Essas necessidades precisam ser supridas ou amenizadas para que o colaborador tenha mais qualidade de vida.

b. Necessidades sociais

Escalando os degraus da hierarquia das necessidades na pirâmide de Maslow chegamos às necessidades sociais. Essas necessidades, como o próprio nome já diz, estão relacionadas às relações sociais, as quais, se deterioradas, contribuem para uma vida sem qualidade e sem realização pessoal, provocando consequências desastrosas. Boa parte dos problemas enfrentados por gestores de pessoas estão relacionados com carências nessa área, que vai desde a precária convivência familiar, passando pelas amizades, até as relações mais íntimas com os cônjuges, namorados ou simplesmente envolvimentos afetivos não correspondidos, geradores de inseguranças e outros problemas que afetam o indivíduo e as suas relações com o próximo, mesmo que o "próximo" esteja do outro lado do oceano, como ocorrem nas relações virtuais. Quanto mais equilibradas e ajustadas forem as relações sociais de uma pessoa, melhor ela vai interagir com as outras pessoas e com a empresa onde presta serviço.

As relações sociais são determinantes na qualidade da vida pessoal e profissional do indivíduo. Como mencionado, nestas relações estão incluídas as relações virtuais, algo impensado até o século XIX, quando nasceu a Sociologia, a ciência que estuda as relações sociais. Na atualidade, as relações virtuais representam praticamente metade das nossas relações sociais, e se uma pessoa não interage bem no mundo virtual é indício de que as suas relações sociais reais, de convivência familiar, profissional ou de qualquer outra natureza, também não serão tranquilas. Muitas empresas, antes de contratar um colaborador, pesquisam sobre ele nas suas redes sociais para conhecer como são suas relações virtuais. Verificam o que ele posta; o que ele curte e compartilha; o que comenta e como comenta; e se é uma pessoa que gosta de gerar polêmicas com seus interlocutores virtuais. Neste campo é possível traçar o perfil da pessoa e como andam suas necessidades.

Relações sociais são necessidades inerentes do ser humano, e Abraham Maslow aponta algumas delas e trata da importância de se manter essas relações saudáveis para se galgar os outros degraus da hierarquia de necessidades do ser humano. Dentre elas Maslow fala das relações familiares, das amizades, das relações no mundo do trabalho e até da intimidade sexual. Todas essas instâncias e seus desdobramentos são relações sociais, ou melhor, são necessidades sociais que precisam ser bem supridas para que a pessoa alcance o topo da pirâmide, isto é, a realização pessoal.

Em vista disso, o gestor de pessoas deve estar atento, procurando conhecer e ajudar as pessoas geridas a superarem dificuldades nessa área para que elas possam desenvolver um bom trabalho. É obvio que isso não é algo simples e envolve outros profissionais, sobretudo psicólogos, mas saber da importância de suprir essas carências já é um bom começo para entender e lidar melhor com as pessoas.

c. Necessidade de estima

Estreitamente vinculada às necessidades sociais está a necessidade de estima. É praticamente invisível na pirâmide de Maslow a linha que separa essas duas categorias.

Quando falamos de necessidade de estima, falamos da necessidade de confiança, de respeito e de autoestima. O gestor de pessoas deve estar atento a isso e cuidar para que as pessoas geridas não sejam afetadas pela falta de confiança.

Quando uma pessoa conquista a confiança de outra, sobretudo no mundo corporativo, ela consegue desempenhar muito melhor seu trabalho e age com mais segurança. A falta de confiança gera insegurança tanto na pessoa que é gerida quanto naquela que está gerindo. Além disso, a confiança gera respeito, e ser respeitado é fundamental em qualquer relação social, seja ela pessoal ou profissional. Quando uma pessoa conquista o respeito dos demais, ela se fortalece ainda mais no campo profissional. Daí a importância de o gestor fazer com que as pessoas respeitem e sejam respeitadas. Isso vale para todos, mas, sobretudo, para o gestor de pessoas. Fica muito difícil gerir pessoas se aquele que gere não tiver a confiança e o respeito dos demais. A confiança e o respeito estimulam a autoestima, sendo esses dois fatores fundamentais para a realização pessoal, como veremos no último degrau da pirâmide de Maslow.

d. Autorrealização

A autorrealização é o último degrau na hierarquia das necessidades pessoais da pirâmide de Maslow. Quem atingir esse degrau é considerado uma pessoa feliz, satisfeita e, consequentemente, é almejada nos quadros profissionais das empresas, uma vez que pessoas que alcançam esse patamar de satisfação de suas necessidades têm tudo para ser excelentes colaboradoras, ajudando a empresa a crescer.

Pessoas realizadas consigo mesmas são pessoas com autocontrole, independentes e que sabem enfrentar os desafios. Elas têm autoridade sem serem autoritárias; não levam as coisas pelo lado pessoal, ou seja, são verdadeiramente profissionais, sabendo separar as situações e lidando com cada uma delas com equilíbrio e sensatez. Comumente são pessoas que colaboram muito com o crescimento da empresa ao mesmo tempo em que crescem profissionalmente e ajudam os demais a crescerem. Por essa razão, são pessoas imprescindíveis no setor de gestão de pessoas ou de Recursos Humanos das empresas de qualquer setor.

Ao alcançar esse patamar de realização ou superação das necessidades, a pessoa se torna mais criativa e mais espontânea; colabora mais na solução de problemas em vez de criá-los; tem uma postura que revela ausência de preconceitos e aceita melhor pessoas, fatos e situações, sabendo lidar com todos e com qualquer circunstância.

Não existe, porém, uma receita mágica para alcançar esse degrau da pirâmide. É um processo contínuo de superação das necessidades, que começa pelas que estão nas bases da pirâmide até alcançar o topo. Esse processo depende da ajuda de outros, mas a ajuda de si próprio é fundamental para a agilidade da superação. Quanto mais se sobe os degraus dessa pirâmide de necessidades, mais a própria ajuda é fundamental. Os primeiros degraus, os que estão na base da pirâmide, dependem muito de outras pessoas e situações, mas os três últimos dependem quase que exclusivamente da iniciativa pessoal para serem superados.

Enfim, quem está na gestão de pessoas e quem deseja gerir melhor a si deve levar em conta as teorias de Abraham Maslow para poder crescer e superar os desafios.

6
Estratégias de Napoleon Hill para o êxito na gestão de pessoas

Napoleon Hill nasceu em 1883, na Virgínia, Estados Unidos, e faleceu em 1970. Nasceu pobre e morreu rico, deixando um imperioso legado, não apenas material, mas de ensinamentos sobre como obter sucesso na vida com pensamentos estratégicos, ou, como ele mesmo dizia, desenvolvendo uma mente mestra (*Master Mind*), capaz de perceber e aplicar os principais procedimentos para obter êxito naquilo que se faz. E foi o que ele fez para ter êxito. Sua filosofia é hoje seguida por muitos empreendedores e tem dado certo. Por essa razão, achei válido mencionar aqui algumas de suas estratégias que poderão ajudar o leitor nessa missão, sendo complemento daquilo que já vimos até aqui.

Selecionei onze estratégias ou procedimentos indicados por Hill e vou aplicá-los à gestão de pessoas, de modo que orientem o gestor a cumprir, com êxito, essa árdua missão que antecede ou permeia todas as outras categorias de gestão.

Todo gestor de pessoas precisa ser, antes de qualquer coisa, um líder. Se alguém atua nessa área, mas não sabe liderar ou não é um líder carismático e positivo, tem grande probabilidade de não obter êxito. Por isso, selecionei aqui os elementos considerados por Napoleon Hill como "os principais atributos para a liderança".[1] Vale lembrar que essa liderança não está apenas relacionada ou direcionada à gestão de pessoas, mas a várias modalidades de gestão, sobretudo à gestão dos empreendimentos, sejam eles de qualquer natureza e setor. Portanto, nada melhor do que considerar os conselhos de alguém que, mesmo tendo nascido em uma cabana simples, obteve êxito financeiro sabendo enfrentar desafios e superá-los. Vejamos a seguir os indicativos de Napoleon Hill:

Coragem

Não é qualquer coragem que é aqui indicada. Não é a "coragem" dos loucos que não têm noção do perigo, ou a coragem dos que só são fortes longe das ameaças. É "coragem inabalável", afirma Napoleon Hill, coragem dos que têm fé e acreditam que podem vencer, apesar dos grandes desafios; coragem que está alicerçada no autoconhecimento de suas potencialidades, capacidades e na familiaridade com a própria ocupação. Por exemplo, se você chegou ao posto de gestor de pessoas ou de Recursos Humanos, você precisa conhecer suas potencialidades e estar familiarizado com o empreendimento de gerir pessoas que lhe foi confiado. Hill lembra que "nenhum seguidor deseja ser subordinado a um líder sem autoconfiança e coragem". Então, o primeiro requisito para ser um bom líder é possuir dois elementos que estão amalgamados: autoconfiança e coragem. Uma pessoa medrosa dificilmente vence, pois permanece sempre no raso por medo de arriscar, de avançar

---

[1] Cf. HILL, Napoleon. *Quem Pensa Enriquece*. São Paulo: Fundamento, 2009, p. 110-111. As citações seguintes correspondem a essa mesma obra e páginas citadas.

para águas mais profundas. E se ela avança com medo e sem confiança, inevitavelmente afunda. Isso faz lembrar uma passagem bíblica que está em *Mateus* 8,23-26, em que os discípulos entraram numa barca e, quando estavam no meio da travessia, veio uma tempestade e o barco começou a afundar. Eles sentiram muito medo e só quando viram que seu líder, Jesus, estava com eles, acalmando o mar bravio, voltaram a se sentir seguros. A liderança corajosa de Jesus se contrapõe à liderança medrosa dos discípulos e mostra que a coragem faz a diferença diante dos desafios.

Outra passagem bíblica que pode ser lembrada é a de *Mateus* 14,22-31. Os discípulos estavam na barca sozinhos atravessando o mar, e ela começou a afundar devido a uma grande tempestade. Nesse episódio, também faltou coragem, autoconfiança, fé e senso de liderança aos tripulantes, o que só começou a mudar quando Jesus, o líder corajoso, veio ao encontro deles, caminhando sobre as águas. Caminhar sobre as águas é um gesto simbólico de plena confiança, de coragem inabalável. Pedro quis acreditar que também poderia fazer o mesmo, mas não teve a mesma confiança; deixando sua coragem ser abalada pelo furor da tempestade, ele começou a afundar. Foi quando Jesus lhes chamou de "homens fracos na fé", ou seja, homens sem coragem inabalável. Sem essa coragem, as tempestades da vida não são vencidas e o êxito na missão não é alcançado. Sem coragem inabalável qualquer empreendimento pode naufragar ou fracassar.

Assim, afirma Napoleon Hill, "nenhum líder desse tipo consegue reter por muito tempo um seguidor inteligente". Os seguidores querem líderes corajosos, que demonstrem coragem de ousar e o façam de fato. No caso bíblico, Jesus representa o líder corajoso que as multidões queriam seguir, e os discípulos destas duas passagens representam líderes que ainda não aprenderam a ter coragem inabalável. Porém, eles estão em um processo de aprendizagem, já que, com empenho, a coragem pode ser adquirida.

Autocontrole

O autocontrole é outro procedimento importantíssimo para um gestor de pessoas. Hill afirma que "o indivíduo que não consegue se controlar jamais poderá controlar os outros". Imagine um líder, gestor de pessoas, que não sabe se controlar; que explode por qualquer coisa; que se deixa levar por impulsos, sejam eles de raiva ou qualquer outra manifestação do instinto; que não controla as palavras; que não controla ações, etc. Sem dúvida, ele está no cargo errado. O autocontrole é fundamental na liderança ou na gestão de pessoas, pois, como afirma Napoleon Hill, "constitui-se num poderoso exemplo para os seguidores inteligentes". Se você quer ter êxito na missão, trabalhe o seu autocontrole. Se você não consegue fazer isso sozinho, busque ajuda de um profissional. Sem esse procedimento, o fracasso será apenas uma questão de tempo.

Senso de justiça

Soa estranho falar de senso de justiça no mundo corporativo capitalista, onde o lucro é o fim último, mas é o senso de justiça que faz um empreendedor ser diferente dos demais e um gestor ser eficaz e respeitado. Se não for pela ética cristã, que seja pela ética filosófica, mas um gestor de pessoas precisa ter aguçado senso de justiça, afirma Napoleon Hill. Quem age com esse valor é imparcial nas suas decisões e relações. Afirma

Hill que "sem imparcialidade e justiça, nenhum líder consegue comandar e manter o respeito de seus seguidores" (2009, p. 110). Assim, esteja atento à sua conduta e avalie constantemente se seus atos estão sendo pautados na justiça.

Firmeza de decisões

Um gestor líder precisa ser alguém que demonstre segurança. Essa segurança fará com que aqueles que são por ele geridos também se sintam seguros. É como alguém que comanda uma aeronave. Se o comandante de um avião não demonstrar segurança e tranquilidade aos passageiros e à tripulação nos momentos de turbulência ou na iminência de um acidente, o medo se instalará e isso pode ameaçar a integridade da vida de todos os que estão voando. Se o piloto Shesley Sullenberg (Sully), do voo 1549, da empresa aérea *US Airways*, que precisou fazer um pouso forçado no rio Hudson em 15 de janeiro de 2009, não tivesse tido firmeza de decisão, teria provocado uma tragédia aérea quando, após seis minutos da decolagem, o avião chocou-se com pássaros, danificando gravemente um dos motores da aeronave. Mas ele teve segurança e a transmitiu à tripulação e aos passageiros, tomando a firme decisão de pousar sobre o leito do rio, pois não havia tempo de retornar à pista do aeroporto de LaGuardia, em Nova Iorque. Mais tarde constatou-se que a segurança e a firmeza de decisão do piloto Sully foram fatores decisivos para evitar uma tragédia. Desse modo, a segurança, que resulta em decisões firmes, deve ser uma característica de qualquer pessoa que tem função de comando. Hill afirma que "o indivíduo que oscila em suas decisões mostra que não está seguro de si. Não pode liderar outros com sucesso". Já imaginou o que seria dos passageiros e da tripulação do voo 1549 se o piloto tivesse oscilado na sua decisão? Já imaginou uma empresa em que seus gestores oscilam nas decisões? Em ambos os casos é grande a probabilidade de ocorrer uma tragédia.

Planejamento ou definição de plano

Planejamento, ou definição de planos, é um procedimento elementar na gestão de uma empresa e, naturalmente, na gestão das pessoas que nela atuam. Mais uma vez trago um exemplo da área da aviação. Todo voo precisa ter um plano de voo detalhado para voar com segurança e chegar ao seu destino. O plano de voo das aeronaves faz parte de um complexo sistema de controle aéreo e se ali não estiverem pessoas preparadas e que saibam comandar tais planos, pode haver erros fatais. O mesmo acontece no mundo corporativo e na gestão de pessoas: é preciso definir planos de ação. Napoleon Hill diz que "o líder bem-sucedido precisa planejar seu trabalho e cumprir o planejamento". Já pensou se um piloto não cumprir o plano de voo? O voo não alcança o seu destino. Na empresa acontece o mesmo. Se os gestores não planejarem ou não cumprirem o que foi planejado, a empresa não alcançará suas metas e poderá falir. Hill diz que "o líder que age por conjecturas, sem planos práticos definidos, é comparável a um navio sem leme. Mais cedo ou mais tarde vai bater nas rochas". É por essa razão que a Igreja Católica pede que suas paróquias e dioceses façam planejamentos e planos de pastoral. Com a definição de planos de ação, elas atingem com mais eficácia sua finalidade, que é a evangelização. Portanto, planejamento é uma ação necessária às empresas de qualquer setor, e todo gestor deve ter isso muito claro na sua atuação.

Dar mais do que receber

Essa máxima tem fundamentação bíblica (Lc 6,38) e deve ser aplicada na gestão de pessoas. Quem atua nessa área deve sempre dar mais de si. Esse é um dos ônus desta categoria de gestão e de qualquer líder ou gestor de empresas, afirma Napoleon Hill. Ele diz: "Um dos ônus da liderança é a necessidade do empenho, por parte do líder, em fazer mais do que ele próprio solicita de seus seguidores"; é ser exemplo. Não basta pedir para que outros façam, é preciso fazer antes. Se sendo gestor eu não vou à frente naquilo que eu quero que os outros façam, como eu posso exigir que os outros façam o que eu peço? Quem só dá ordens e não faz nada, não é um bom gestor. Nesse caso, o gestor deve desconsiderar o dito popular de cunho autoritário: "Manda quem pode e obedece quem tem juízo". Não basta mandar, é preciso saber comandar, e só comanda bem quem desenvolve o hábito de dar mais do que recebe.

Personalidade agradável

A pessoa pode não ter nascido com uma personalidade muito agradável, mas ela pode trabalhar isso no decorrer de sua vida, tornando-se alguém mais aprazível, sobretudo quando estiver no comando de outras pessoas. Uma pessoa de personalidade agradável cativa, e quem cativa tem mais facilidade de gerir os outros e obter deles aquilo que deseja. Essa não é só uma estratégia extraída do livro *O Príncipe* de Maquiavel, mas algo que facilita o trabalho e torna tudo mais agradável e, consequentemente, exitoso. Personalidade agradável não significa apenas tratar bem as pessoas, com respeito e educação, mas ser também uma pessoa empenhada, interessada, que demonstre gosto por aquilo que faz. Essa é também uma característica imprescindível de um líder. Napoleon Hill afirma que "nenhuma pessoa negligente e desinteressada pode tornar-se um líder bem-sucedido. Liderança implica respeito", diz ele. Além disso, "os seguidores não respeitam um líder que não seja altamente qualificado em todos os fatores que constituem uma personalidade amistosa e gentil", afirma Hill.

Solidariedade e compreensão

No campo de gestão de pessoas um valor indispensável é a solidariedade. Somos seres sociais e não apenas no sentido de sociabilidade, mas, sobretudo, de solidariedade. É isso que nos caracteriza como seres sociais. O sociólogo francês Émile Durkheim, em sua obra *As Regras do Método Sociológico*, trata de dois tipos de solidariedade: a mecânica e a orgânica. A solidariedade mecânica é encontrada em sociedades mais primitivas, as menos complexas ou menos desenvolvidas, em que as pessoas se ajudam natural ou instintivamente. É uma forma natural de sobrevivência. Já a solidariedade orgânica é aquela que, como o próprio nome sugere, nasce de uma organização. Ela também existe no intuito de sobrevivência, mas neste caso ela ganha contornos mais sofisticados e racionais. É o tipo de solidariedade existente nas sociedades industrializadas, tecnologicamente mais desenvolvidas e organizadas, ou seja, é a solidariedade que existe nas empresas. É bom destacar que essas duas modalidades de solidariedade tratadas por Durkheim nada têm a ver com a solidariedade cristã, mas elas ajudam a entender também este tipo de solidariedade, muito presente na sociedade norte-americana onde Napoleon Hill nasceu, viveu e desenvolveu sua filosofia de empreendedorismo. Uma sociedade marcada por uma ética protestante e pelo espírito do capitalismo, como sentenciou o sociólogo alemão Max Weber, na sua memorável obra *A Ética Protestante e o Espírito do Capitalismo*, um marco do seu pensamento sociológico. Para além dessas conceituações sociológicas de solidariedade, a solidariedade e a compreensão das quais nos fala Napoleon Hill têm estreito vínculo com a solidariedade cristã e mostram que "o líder de sucesso precisa ser solidário, compreendendo os seus seguidores e os seus problemas". Alguém, para estar na liderança, precisa não apenas ser solidário, mas fazer com que a sua equipe compreenda a importância desse valor, colocando-o em prática. Uma comparação extraída da natureza e que bem ilustra a importância da solidariedade no trabalho em equipe é o exemplo do voo dos gansos. Os gansos voam em "V", constituindo um exemplo de solidariedade que, embora mecânica, como mostrou Durkheim, não deixa de nos dar ensinamentos sobre a sua importância para que uma equipe alce voos mais altos e atinja a sua meta. Dizem que nessa formação os gansos interagem tornando o voo uns dos outros mais leve e eficaz. Por exemplo, quando um ganso bate a asa nessa formação, ele cria um vácuo para a ave seguinte, facilitando o voo dela, o que vai ocorrendo de forma consecutiva e ajuda toda a revoada. Esse procedimento em equipe contribui para o voo ser 71% mais eficaz do que se uma ave voasse sozinha. E o exemplo de solidariedade não para por aí. Quando o ganso que lidera o bando se cansa, ele troca de lugar com outro, indo ocupar a ponta final da formação. Esse revezamento de funções faz com que todos do bando sejam líderes em algum momento, o que torna o grupo mais eficaz no seu plano de voo. Em um empreendimento humano deveria haver também o revezamento de funções de liderança, pois assim todos aprenderiam a liderar e todos ganhariam com isso, sobretudo a empresa. Tal exercício mostra a interdependência que temos uns dos outros. No terceiro setor, sobretudo na igreja, esse exercício de revezamento de liderança é incentivado, pois já se comprovou a eficácia desse procedimento no campo da evangelização e na formação de comunidades. Quem quer fazer tudo sozinho se sobrecarrega e não alcança as metas.

Outro ponto a ser destacado na formação dos gansos em "V" é que durante o voo eles grasnam. Essa manifestação representa uma forma de incentivo para a equipe e para os que estão na liderança. Além disso, quando um ganso fica ferido ou doente, dois deles deixam a formação e seguem para ajudá-lo e protegê-lo, permanecendo com ele até que esteja apto para voar novamente ou morra. Só depois eles voltam para a formação normal do bando, seja daquele em que eles estavam ou de outra formação. Esse senso de solidariedade é essencial para a sobrevivência deles e de qualquer equipe. Porém, para isso, é preciso solidariedade e compreensão, diz Napoleão Hill. Ele constata que "o líder de sucesso precisa ser solidário, compreendendo os seguidores e seus problemas". Por essa razão, os exemplos extraídos do bando de gansos que voam em "V" têm muito a nos ensinar sobre o exercício da solidariedade enquanto gestores de pessoas.

Atenção aos detalhes

Você já reparou que os grandes líderes que se destacaram no decorrer da história foram pessoas que estavam atentas a tudo, sobretudo aos detalhes? Napoleon Hill era um deles. Pensava em tudo, via tudo e tudo estava sob seu comando, inclusive as pequenas coisas. Na gestão de empresas e de pessoas o detalhe pode fazer a diferença. Há uma máxima bíblica que diz que quem é fiel nas pequenas coisas, será também nas grandes (Lc 16,10). O contrário disso também procede. Sabemos que uma liderança é empreendedora e eficaz quando ela se atenta aos detalhes. Hill diz que "uma liderança bem-sucedida envolve atenção aos detalhes da posição do líder". O líder eficaz cuida dos detalhes, pois no detalhe o todo se revela.

Determinação

Determinação é outra característica que faz um gestor ser eficaz. Determinação de assumir plena responsabilidade sobre aquilo e aqueles que ele está gerindo. Quem não tem essa postura dificilmente age com determinação e deixa a desejar no cuidado para com as coisas e as pessoas. Napoleon Hill diz que "o líder bem-sucedido deve estar disposto a assumir a responsabilidade pelos erros e deficiências de seus seguidores". Somente assumindo as falhas ele pode corrigi-las e corrigir também aqueles que estão falhando. E diz mais: "Se tentar transferir essa responsabilidade, não permanecerá como líder". Ou seja, não é uma questão de o gestor buscar culpados, mas de assumir o erro como erro da equipe e, em equipe, se empenhar para sanar o erro e superar as falhas. Hill diz que "se um dos seus seguidores cometer um erro e mostrar-se incompetente, o líder precisará considerar a falha como sendo sua". No entanto, esse procedimento não é fácil, pois se assumir os próprios erros já não é simples, assumir o erro de outros é algo ainda mais complexo. Ao assumir o erro do outro como seu, o líder está dando demonstração de empenho e determinação na missão, ou seja, do seu senso de responsabilidade. Em uma equipe verdadeira, todos são responsáveis pelas ações uns dos outros e o líder é o responsável pela equipe.

Cooperação

O último ponto que Hill destaca entre os principais atributos para a liderança é uma espécie de síntese, pois está presente em tudo o que foi visto anteriormente. É a *cooperação*, essa palavra mágica que torna um gestor e sua equipe eficazes e de sucesso. Durante os comentários dos principais atributos da liderança apontados por Napoleon Hill nos referimos à eficácia do gestor. Nesse caso, eficácia é sinônimo de sucesso. Hill diz que "o líder de sucesso precisa compreender e aplicar o princípio do esforço cooperativo, bem como ser capaz de induzir os seguidores a fazerem o mesmo". Ele usa a palavra *induzir*, mas podemos traduzi-la também por seduzir ou cativar. Prefiro a expressão *cativar*, não no sentido de tornar uma pessoa cativa, mas no sentido que Antoine de Saint-Exupéry usou na obra *O Pequeno Príncipe*: "Tu te tornas eternamente responsável por aquilo que cativas". Ou seja, é preciso estabelecer um senso de responsabilidade, ajuda e cooperação por aqueles que conquistamos. Cativar revela um envolvimento mais responsável e cooperativo, não apenas uma coação para uma ação. O líder, portanto, precisa cativar. Em suma, "liderança implica poder, e poder envolve cooperação", afirma Napoleon Hill.

Com esses atributos, o gestor tem tudo para gerir bem e com sucesso. São procedimentos mágicos quanto à sua eficácia. Quem aplica esses procedimentos na sua atuação como gestor de pessoas ou de empreendimentos tem grandes chances de obter sucesso.

7
Considerações finais: dez procedimentos essenciais na liderança de pessoas e dicas para uma boa reunião

A título de conclusão coloco aqui dez procedimentos essenciais na liderança de pessoas, começando com a liderança de si mesmo – o principal propósito deste livro – até a ousadia na arte de gerir os outros. Estes dez passos básicos buscam resumir aquilo que foi tratado até aqui e agregam ainda outros valores à prática da gestão de pessoas. Estes procedimentos ajudarão você a alcançar a excelência na gestão de pessoas. Leia-os e busque aplicá-los nas suas ações diárias em relação a si e aos outros. Você verá os resultados imediatamente!

1. Liderar a si mesmo

Assumir o controle da própria vida é o primeiro e o mais relevante passo da liderança pessoal e da liderança de outras pessoas. Podemos afirmar que uma das bases da liderança pessoal, também conhecida como liderança comportamental, é ser responsável pelas próprias escolhas. É importante saber que quanto mais responsabilidade nós tivermos, mais poder de resolução nós teremos! Os líderes mais eficazes são aqueles que aprenderam a liderar a si mesmos.

2. Ter automotivação

Superar desafios é uma das características do líder, mas não se supera desafios se não houver automotivação para isso. Portanto, saber as razões pelas quais estamos dispostos a superar os desafios é algo elementar no desenvolvimento da liderança pessoal, e a isso se dá o nome de automotivação. Há quem passe a vida sem se dar conta do que efetivamente as move, as estimula ou as motiva nas suas ações. Por exemplo, saber por quais razões eu me levanto pela manhã já contribui para o meu senso de bem-estar e propósito de vida, e isso passa a ser o meu "combustível" na direção daquilo que eu desejo. Desse modo, saber as razões de nossas ações nos motiva, e essa motivação funciona como o "motor" para nos levar adiante e atingir os objetivos almejados. Sem automotivação perdemos as perspectivas e o encanto, fazendo com que enfraqueçamos na liderança.

3. Ter objetivos definidos

Objetivos são metas e metas são movidas por sonhos. Quando deixamos de sonhar, perdemos as metas a serem atingidas e ficamos sem rumo, como um barco à deriva. Desse modo, ter objetivos é ter um alvo a ser atingido, algo no qual mantemos o nosso foco e em cuja direção orientamos nosso caminhar. Há um provérbio que diz que "para quem não sabe para onde está indo, qualquer estrada serve", porém, se sabemos gerir a própria vida, sabemos também que não é qualquer caminho que serve. Não basta ter um caminho a seguir, é preciso seguir no caminho certo. Desse modo, ter objetivo é ter foco, e é dele que vem a força para trilhar o caminho, evitando distrações e a perda do sentido. Ter objetivos definidos e focar neles é um procedimento essencial na gestão pessoal.

4. Fazer escolhas

Além de manter o foco, saber fazer escolhas é outro procedimento elementar na gestão pessoal. A escolha certa é algo decisivo para uma gestão qualificada. Neste sentido, fazer escolhas está relacionado à tomada de decisões já que decidir significa romper com as outras opções. Quando optamos por alguma coisa ou algum procedimento, devemos renunciar a outros. Nisso consiste, por exemplo, a descoberta da vocação. Um teste vocacional ajuda a pessoa a fazer escolhas e a decidir por aquilo que mais se enquadra ao seu perfil. Assim, seguir um caminho é romper com outros. Quem mantém um pé em cada canoa acaba por cair do barco. Querer várias coisas ao mesmo tempo é não alcançar nenhuma delas plenamente. Portanto, tome a sua decisão e empenhe-se nela.

5. Planejar estrategicamente

Quem planeja sua vida e suas ações de modo estratégico tem mais êxito na missão. Quem não planeja poderá até chegar onde almeja, mas vai demorar mais, terá mais dificuldades e correrá o sério risco de não alcançar o que pretende, pois o planejamento é procedimento elementar na gestão, seja ela pessoal, de outras pessoas, de negócios ou de qualquer outro empreendimento. Assim, desenvolver um planejamento estratégico é uma competência que não pode faltar em um líder ou em um gestor; é uma qualidade indispensável na gestão comportamental.

6. Aplicar o planejado

Não basta planejar, é preciso aplicar, colocar o plano em ação. Essa materialização do planejamento é tida como parte integrante da inteligência comportamental. Ser capaz de realizar aquilo que se deseja leva ao caminho para o sucesso. Desse modo, siga a seguinte equação: planejamento + ação + avaliação + correção = resultado desejado.

7. Qualificar as ações

Não basta ter ações, é preciso qualificar as ações. E para ter ações qualificadas é preciso gostar daquilo que se faz. Somente assim as ações ganharão verdadeira qualidade. Ações qualificadas são ações nas quais foram aplicadas emoções positivas. Emoções e crenças otimistas são elementos fortalecedores que nos permitem ter disponíveis nossos melhores estados de excelência, e isso resulta em ações com excelência. Já é comprovado que emoções positivas fortalecem nossa saúde física e mental, aumentando o bem-estar, e o resultado disso reflete em nossas ações, qualificando-as. Ações com qualidade são comumente resultados da soma de emoções construtivas a elas aplicadas. Por essa razão é importante estabelecer padrões emocionais saudáveis às ações porque eles são procedimentos poderosos na qualificação dos seus resultados.

8. Acreditar naquilo que faz

A regra básica para uma gestão qualificada é acreditar naquilo que se faz. Acredite naquilo que faz e terá grandes chances de ter êxito. Caso contrário o fracasso será certo. Henry Ford dizia que "se você pensa que você pode, ou se você pensa que você não pode, não importa. De qualquer forma estará certo". Ou seja, aquilo em que pensamos ou em que acreditamos é determinante para o resultado de nossos empreendimentos. Ford acreditou em ações que naquela época foram tidas como absurdas, e o resultado foi o sucesso. Por essa razão é importante exercitar atitudes mentais positivas em relação àquilo que gerimos. Quem crê naquilo que faz, realiza; quem duvida, fracassa. Não tenhamos medo de acreditar e ousar naquilo que acreditamos.

9. Ser visionário

Todo bom gestor consegue perceber diversas possibilidades na sua gestão, e isso faz dele uma pessoa visionária, capaz de conduzir coisas, situações e pessoas ao progresso, antecipando assim as coisas que poderiam ser realizadas mais adiante. Para isso é preciso que se utilize a energia vital que cada um traz dentro de si. Para utilizar a energia vital interna é preciso que se faça alguns exercícios, sobretudo de respiração, arejando a mente e renovando as esperanças. Esses exercícios estimulam a mente e o coração, ajudando o gestor a vislumbrar um universo de possibilidades futuras e aplicá-las no presente, tomando a dianteira nos empreendimentos, com iniciativas inovadoras que irão surpreender até os mais incrédulos. Ser uma pessoa visionária não é adivinhar o futuro, mas enxergar longe, à frente de seu tempo. Os grandes empreendedores são os que conseguiram corrigir sua "miopia" profissional e enxergar o que há de futuro nas decisões presentes.

10. Ter ousadia

Ousadia é algo que não pode faltar a um bom gestor. Ousar é investir e arriscar, mas arriscar não como quem aposta em um jogo, mas como quem entra no jogo para vencer. Acredite, invista, realize. Dê o melhor de você, busque a excelência naquilo que faz, pois somente assim suas ações farão a diferença. Se não for para fazer a diferença, nem faça. Ousar é se esforçar para ser o melhor naquilo que se faz. Assim, não somente suas ações, mas a sua vida será extraordinária.

****

E, para finalizar, apresento dez procedimentos simples para uma reunião ser eficiente:

1. **Analise se a reunião realmente é necessária:** antes de marcar uma reunião, verifique se ela é, de fato, necessária. Nos dias atuais, com as facilidades tecnológicas e o barateamento das ferramentas de comunicação, muitas reuniões presenciais podem ser substituídas por conversas em aplicativos ou dispositivos, resolvendo questões sem que seja necessário uma reunião física da equipe.
2. **Peça dados com antecedência adequada**: constatado que a reunião é necessária, peça dados para a reunião com antecedência. Esses dados podem ser, por exemplo, assuntos para acrescentar à pauta. Esse procedimento contribui para a agilidade da reunião. Além disso, as pessoas precisam ter tempo para levantar informações que possam contribuir significativamente

para a solução de problemas ou desenvolvimento de inovações. Em outras palavras, as pessoas precisam vir preparadas para a reunião e munidas de contributos. Sem esse procedimento, perde-se tempo e dificulta-se a contribuição dos participantes.

3. **Envie e/ou leia os dados**: para uma reunião ser eficaz é preciso que os participantes saibam com antecedência dos assuntos a serem tratados. Desse modo, enviar os dados com antecedência é um procedimento importante. Quem recebe os dados ou a pauta prévia da reunião deve lê-los e preparar as suas contribuições para que possam compreender o contexto e participar ativamente.

4. **Defina objetivos claros**: não há nada mais desagradável do que reuniões longas e sem objetivos claros. Para que isso não ocorra, prepare com antecedência a reunião e defina os objetivos dela, buscando responder a perguntas clássicas: *O que? Quando? Onde? Como? Quem? Com quem? Para que? A fim de que?* Tendo as respostas para essas questões, conhecendo as metas para a reunião e sabendo do papel que cada um desempenhará nela, são evitadas presenças ou tarefas desnecessárias.

5. **Elabore uma pauta**: a pauta prévia da reunião é fundamental. Depois de reunir os assuntos a serem tratados e repassados aos participantes, organize-os por ordem de prioridade. Esse planejamento prévio da reunião é importante para aperfeiçoar e aproveitar melhor o tempo. A reunião precisa ter uma pauta com sequência predefinida. Alterar a pauta na hora nem sempre é um bom procedimento, pois assuntos colocados de última

hora não tiveram o tempo necessário de reflexão e as contribuições e opiniões sobre eles serão impensadas, podendo prejudicar as decisões.

6. **Convide os participantes corretos**: uma reunião certa com pessoas erradas tem tudo para ser um fracasso. Por essa razão, evite chamar pessoas que podem ser inexpressivas para a reunião. A participação das pessoas deve estar relacionada às suas áreas de atuação na tomada de decisão ou no desenvolvimento da reunião. Além disso, pessoas inadequadas ou despreparadas para os assuntos a serem tratados podem atrapalhar mais do que ajudar.

7. **Estabeleça um tempo**: toda reunião, por mais extensa que seja a pauta de assuntos, deve ter hora para começar e hora para terminar. E é preciso ser fiel ao horário. Um bom gestor é aquele que sabe controlar o tempo e gerir os assuntos da reunião dentro do tempo previsto. É importante também ter consciência do custo do tempo das pessoas. Assim sendo, se possível, mantenha as reuniões curtas, focadas e eficientes. Se alguém se desviar do assunto ou estiver se alongando desnecessariamente nele, interrompa e retome o foco, encaminhando-se para as decisões. Se a reunião puder ser concluída antes é melhor do que ultrapassar o horário previsto. Reuniões extensas desmotivam os participantes. Assim, se todos os itens da pauta forem resolvidos antes do tempo definido, encerre a reunião e não segure as pessoas na sala até atingir o horário.

8. **Proporcione uma experiência de qualidade**: o bom gestor é aquele que dá atenção a todos e respeita a

opinião de todos no decorrer da reunião. Assim sendo, demonstre empatia para com cada participante, escutando-os e anotando os pontos principais das suas falas. Dê *feedbacks*, se necessário. Como já foi dito, evite comentários que desviem da pauta, bem como se alongar em uma exposição sobre um determinado tema, mesmo que ele seja importante para você.

9. **Crie um ambiente colaborativo**: todos os presentes na reunião estão ali para colaborar, dar opiniões, ajudar a decidir. Portanto, dê a oportunidade para que todos se expressem com um tempo justo e permita o compartilhamento de novas ideias sem julgamento. Mostre que a opinião de cada um é importante; juntos, democraticamente, decida pela melhor proposta e pelas melhores ideias.

10. **Encaminhe os resultados da reunião**: após ter concluído a reunião é hora de fazer os encaminhamentos necessários. Assim, o gestor, o coordenador, o facilitador da reunião ou quem faz a ata tem o papel de escrever os pontos mais importantes da reunião de acordo com a pauta. Ele precisa descrever com clareza o que foi decidido e enviar para todos os interessados, sobretudo aos membros dos setores que cada um coordena. O coordenador de cada setor deve levar as decisões da reunião para os seus subordinados ou coordenados e em outra reunião trazer as demandas do seu setor de gestão para a reunião.

Esses são apontamentos valiosos para uma gestão eficaz de pessoas. Ao aplicar essas técnicas na sua vida pessoal e profissional você não estará apenas investindo na sua própria formação e capacitação, mas estará colaborando eficazmente para o desenvolvimento da sua empresa ou dos seus empreendimentos. Seja um gestor eficaz, saiba gerir a sua vida e você será muito mais eficiente na gestão da vida profissional de outras pessoas.

Deixo aqui uma última sugestão: estude com sua equipe os pontos deste livro que todos acharam mais adequados para a sua realidade e busquem aplicá-los. Isso poderá lhes trazer grandes contributos pessoais e profissionais. Seus colaboradores estarão mais capacitados se conhecerem as indicações e sugestões aqui apontadas.

BIBLIOGRAFIA

ALBUQUERQUE, Jamil. *A Lei do Triunfo para o Século 21*. Ribeirão Preto: Napoleon Hill, 2009.
BÍBLIA SAGRADA. Ed. Pastoral. São Paulo: Paulus, 1990.
DRUCKER, Peter. *Administração na Era das Grandes Transformações*. Rio de Janeiro: Campus, 2012.
_____. *O Gestor Eficaz*. Rio de Janeiro: LTC, 2011.
_____. *Gestão – Management*. Ed. rev. Rio de Janeiro: Agir, 2010.
DURKHEIM, Émile. *Regras do Método Sociológico*. 2. ed. São Paulo: Martins Fontes, 2003.
ELIADE, Mircea. *Mefistófeles e o Andrógino – Comportamentos Religiosos e Valores Espirituais Não-Europeus*. São Paulo: Martins Fontes, 1999.
FREIRE, Paulo. *Pedagogia do Oprimido*. 23. reimp. São Paulo: Paz e Terra, 1987.
HILL, Napoleon. *A Lei do Triunfo*. 30. ed. São Paulo: José Olímpio, 2010.
_____. *Quem Pensa Enriquece*. São Paulo: Fundamento Educacional, 2009.
HUMMES, Cláudio. *Sempre Discípulos de Cristo: Retiro Espiritual do Papa e da Cúria Romana*. São Paulo: Paulus, 2002.

HUNTER, James C. *O Monge e o Executivo: uma História sobre a Essência da Liderança*. Rio de Janeiro: Sextante, 1989.
MASLOW, Abraham. *Diário de Negócios de Maslow*. Trad. Nilza Freire. Rio de Janeiro: Qualitymark, 2003.
_____. *Maslow no Gerenciamento*. Rio de Janeiro: Qualitymark, 2000.
_____. *Introdução à Psicologia do Ser*. Rio de Janeiro: Eldorado, 1978.
MAUSS, Marcel. "As Técnicas do Corpo". *Sociologia e Antropologia*. São Paulo: Cosac & Naif, 2003.
MAXWELL, John C. *O Poder da Liderança*. São Paulo: Garimpo, 2010.
MORIN, Edgar. *Educação e Complexidade: os Sete Saberes e Outros Ensaios*. São Paulo: Cortez, 2002.
_____. *A Religação dos Saberes – Desafios do Século XXI*. 7. ed. Rio de Janeiro: Bertrand, 2001.
RUIZ, Don Miguel. *Os Quatro Compromissos: o Livro da Filosofia Tolteca – Um Guia Prático para a Liberdade Pessoal*. Ed. rev. Rio de Janeiro: Best Seller, 2005.
SPENCER, Johnson. *Quem Mexeu no meu Queijo?* Rio de Janeiro: Record, 1998.
TAYLOR, Frederick W. *Princípios de Administração Científica*. 8. ed. 18. reimp. São Paulo: Atlas, 2015.
VEILLEUX, Armand. "L´Ecriture et les Pères". *Revue d´Ascétique et de Mystique*, 47, 1995 (Paris).
WEBER, Max. *A Ética Protestante e o Espírito do Capitalismo*. 11. ed. São Paulo: Pioneira, 1996.

Esta obra foi composta em CTcP
Capa: Supremo 250g – Miolo: Pólen Soft 80g
Impressão e acabamento
Gráfica e Editora Santuário